O EVANGELHO DO DISCÍPULO AMADO

Coleção FAJE

Johan Konings

Faculdade Jesuíta de Filosofia e Teologia

Quando as raízes são fortes, colhemos bons frutos.

O EVANGELHO DO DISCÍPULO AMADO

Um olhar inicial

Edições Loyola

Dados Internacionais de Catalogação na Publicação (CIP)
(Câmara Brasileira do Livro, SP, Brasil)

Konings, Johan, 1941- .
 O Evangelho do discípulo amado : um olhar inicial / Johan Konings. -- São Paulo : Edições Loyola, 2016. -- (Coleção FAJE)

 Bibliografia.
 ISBN 978-85-15-04421-4

 1. Bíblia. N.T. João - Comentários I. Título. II. Série.

16-07205   CDD-226.507

Índices para catálogo sistemático:
1. Evangelho de João : Comentários   226.507
2. João : Evangelho : Comentários   226.507

Conselho Editorial da COLEÇÃO FAJE
Delmar Cardoso, SJ (Diretor)
Profa. Dra. Marly Carvalho Soares (Filosofia/UECE)
Profa. Dra. Miriam Campolina Diniz Peixoto (Filosofia/UFMG)
Prof. Dr. Alfredo Sampaio Costa (Teologia/Unicap)
Prof. Dr. Cláudio Vianney Malzoni (Teologia/Unicap)

Capa: Fábrika Comunicação Integrada
        Foto de Reginaldo Gurgel
Diagramação: Ronaldo Hideo Inoue

Edições Loyola Jesuítas
Rua 1822, 341 – Ipiranga
04216-000 São Paulo, SP
T 55 11 3385 8500/8501 • 2063 4275
editorial@loyola.com.br
vendas@loyola.com.br
www.loyola.com.br

Todos os direitos reservados. Nenhuma parte desta obra pode ser reproduzida ou transmitida por qualquer forma e/ou quaisquer meios (eletrônico ou mecânico, incluindo fotocópia e gravação) ou arquivada em qualquer sistema ou banco de dados sem permissão escrita da Editora.

ISBN 978-85-15-04421-4

© EDIÇÕES LOYOLA, São Paulo, Brasil, 2016

*Jesus fez ainda, na presença dos discípulos,
muitos outros sinais, que não estão escritos neste livro.
Estes, porém, foram escritos para que creiais
que Jesus é o Cristo, o Filho de Deus,
e, acreditando, tenhais a vida em seu nome.*
(João 20,31)

Este caderno se destina a pessoas com formação média ou superior, desejosas de ter uma visão geral e atualizada do Evangelho segundo João e da abordagem literário-científica de que ele pode ser o objeto.

É necessário acompanhar o texto com a Bíblia aberta ao lado. O importante não é o texto deste caderno, mas o do Evangelho.

JOHAN KONINGS
setembro de 2016

Sumário

CAPÍTULO PRIMEIRO
Como ler o Evangelho segundo João 9
1. Um evangelho diferente... 9
2. A exegese de João ontem e hoje 12
3. Evangelho do Discípulo Amado?................................ 18
4. Uma pintura em dois painéis..................................... 20
5. Ler como literatura... 21

CAPÍTULO SEGUNDO
O "Livro dos Sinais" 25
1. O Prólogo: mostrar Deus ao narrar Jesus................... 25
2. Jesus entra em cena (Jo 1,19-51) 27
3. Os primeiros sinais abrem a fé (Jo 2–4) 28
4. Os sinais provocam opção
   e profissão de fé (Jo 5–12) 33
5. Conclusão dos sinais 36

CAPÍTULO TERCEIRO
O "Livro da Glória" 39
1. A "hora" de Jesus (13,1) 39
2. Ensinamento na hora da despedida (Jo 13–17) 40
3. O amor em atos e de verdade (Jo 18–20).................. 45
4. Conhecer Jesus e o Pai nele.. 51

CAPÍTULO QUARTO
O Evangelho de João para nós, hoje.................................. 53
1. Temas marcantes de João 53
2. O texto e nós, hoje.. 64

Referências Bibliográficas 67

Capítulo Primeiro
Como ler o Evangelho segundo João

1. Um evangelho diferente

Quem abre o Evangelho segundo João, o "Quarto Evangelho", vê logo que ele é **diferente de Marcos, Mateus ou Lucas**. Estes três são bastante semelhantes, a tal ponto que podem ser apresentados em três colunas paralelas, numa visão de conjunto chamada "sinopse" (do grego *syn* = junto e *opsis* = visão). Por isso, esses três evangelhos (e seus autores) são conhecidos como os "sinópticos". Em geral, os três observam a mesma ordem, e só algumas vezes um texto aparece em outro lugar nas colunas paralelas. Mateus e Lucas têm certa quantidade de ditos de Jesus que não se encontram em Marcos, o qual traz poucos discursos de Jesus. Isso se explica, comumente, pela teoria de que Marcos forneceu o modelo, que se espalhou pelas comunidades eclesiais e, depois, foi enriquecido nos evangelhos de Mateus e Lucas com matérias colhidas de outra fonte comum[1], além das matérias próprias que cada um acrescentou.

---

1. A assim chamada "Fonte dos Ditos" de Jesus, conhecida também pelo termo alemão (*Logien*)*Quelle*. Veja GUIJARRO OPORTO, San-

Voltando a **João**, constatamos que ele **não observa a mesma ordem que os outros**. Marcos inicia seu evangelho com João Batista, que anuncia a atividade daquele que deve vir depois dele. Mateus e Lucas antepõem a isso algumas narrativas a respeito do nascimento e infância de Jesus e, depois, adoptam, a partir dos relatos sobre João Batista, a ordem de Marcos. João, por seu lado, começa com o famoso Prólogo, que não descreve o nascimento de Jesus em Belém, mas sua origem junto de Deus: ele é a própria Palavra de Deus! Depois, fala de João Batista e dos primeiros discípulos, como Marcos, mas então abandona o esquema de Marcos, com o relato das bodas de Caná, que não se encontra em nenhum outro evangelho. E, para surpresa maior ainda, conta logo a seguir a purificação do Templo em Jerusalém, que os outros situam bem no fim, pouco antes da paixão e morte de Jesus, dando a entender que o atrevimento de Jesus pode ter sido uma das causas de sua condenação. Em João, porém, este gesto provocador de Jesus é contado no início, e depois encontramos Jesus ainda regularmente pregando no Templo, como se nada tivesse acontecido.

Com isso, percebemos outra diferença entre João e os sinópticos. A descrição da atividade pública de Jesus, nos sinópticos, só conhece uma única subida a Jerusalém e uma única Páscoa, a de sua morte. Depois de breve atividade na Galileia, Jesus, com os outros romeiros vindos da Galileia, vai participar da Páscoa que será a de sua morte. Em João temos três Páscoas, uma no começo, outra no meio e outra no fim.

---

tiago. *Ditos primitivos de Jesus*: uma introdução ao "Proto-evangelho de ditos Q". São Paulo: Loyola, 2006.

Mas, além das diferenças narrativas em relação aos outros evangelhos (que virão à tona ao percorrer o texto), devemos observar também **a diferença no gênero literário**, ou seja, no tipo de texto que João nos oferece.

Os outros evangelhos são essencialmente narrativos, isto é, descrevem uma sequência de ações de Jesus, ou em torno dele, que conduzem ao desfecho final. O ponto de partida — deixando fora as histórias da infância — é o anúncio, por Jesus, da chegada do Reino de Deus, e o resultado final é sua morte na cruz e sua ressurreição.

João, sem deixar de adoptar um arcabouço narrativo semelhante ao dos outros evangelhos, parece mais **uma meditação ou coleção de homilias**. Ele conta muito menos ações de Jesus que os outros, mas essas poucas ações dão ensejo a amplos desdobramentos em forma de diálogos ou até monólogos de Jesus.

Isso se deve a dois fatores principais. Em primeiro lugar: **os tempos mudaram**. As comunidades dos seguidores de Jesus encontram-se numa nova situação. Marcos lançou seu livro, provavelmente, no tempo da primeira guerra judaica contra os romanos, em torno de 70 d.C. Mateus e Lucas escreveram uns dez anos depois, por volta de 80-85 d.C.: Mateus, para comunidades de tradição judaica, Lucas, para as comunidades do mundo greco-romano, evangelizadas por Paulo. João escreveu ainda mais tarde, pelo fim do 1º século, quando as circunstâncias exigiam um aprofundamento maior da memória de Jesus e da fé nele, e já apareceram alguns rasgos no tecido da comunidade.

Ora, a diferença entre João e os sinópticos influencia o que podemos chamar o "acontecimento de leitura". **Cada situação de leitura é única**. Cada autor é *sui generis*, e os leitores são imaginados também numa situação única, numa relação específica de diálogo com o autor. Por isso mesmo, o texto tem de ser *sui generis*. O leitor atento percebe imediatamente que o mundo do texto de João é bem diferente daquele dos outros evangelhos. Em vez de evocar um anúncio — um "querigma" —, como faz Marcos, ou uma catequese eclesial, como Mateus e Lucas, João oferece uma meditação sobre a tradição a respeito de Jesus, a qual já parece ser conhecida pelos leitores/ouvintes de seu escrito.

Deste modo, podemos chamar o Quarto Evangelho de "**ruminação**". Ele mastiga novamente o alimento que já foi ingerido anteriormente. Por isso mesmo, ele é tão relevante para nós, que já ouvimos mil vezes os fatos a respeito de Jesus, mas precisamos ainda ruminá-los para assimilar sua força.

Com o evangelho de João aprendemos a ver a memória de Jesus não apenas como uma "história", mas, sobretudo, como um conjunto de cenas a serem contempladas e que, embora já conhecidas, nos fazem refletir e meditar. Não servem para satisfazer alguma curiosidade, mas para aprofundar o sentido de nossa fé e de nossa existência.

2. A exegese de João ontem e hoje

Na "Segunda Modernidade", entre a Revolução Francesa e o fim do século 20, o Quarto Evangelho se viu prensado entre uma leitura tradicional edificante, por um lado, e, por outro, as perguntas de ordem histórica e literária (por exemplo, o conflito entre a história de Jesus nos evangelhos sinópticos e em João).

A **visão tradicional** atribuía o Quarto Evangelho a S. João, apóstolo e evangelista, o Discípulo Amado, representado pela águia entre os quatro animais simbólicos do Apocalipse (cf. Ap 4,7). O autor, João Apóstolo, filho de Zebedeu, teria redigido sua obra em idade avançada, pelo fim do 1º século d.C., como sugere a alusão em 21,22: "Se quero que ele permaneça até que eu venha...". Aceitava-se que seu texto era uma unidade literária, indivisível como a túnica sem costura de Cristo, sobre a qual os soldados lançaram a sorte (Jo 19,23).

As **teorias críticas** rasgaram essa veste. Falavam de diversas redações e da utilização, pelo redator, de diversas fontes, às vezes até de origem gnóstica[2]. Alguns críticos situavam a redação final numa data muito tardia, pelo fim do 2º século d.C. Se assim fosse, o autor não poderia ser um apóstolo ou discípulo direto de Jesus. O Discípulo Amado seria uma figura meramente simbólica. Essas teorias críticas radicais, porém, sofreram uma derrota com a descoberta, no século 20, de diversas cópias do Quarto Evangelho datadas no segundo século d.C., portanto, menos de cem anos depois da redação conforme a datação tradicional (90-100 d.C.). Uma distância tão curta entre um texto antigo e as primeiras cópias conservadas é excepcional. O tempo que separa as cópias

---

2. A gnose (= "conhecimento, ciência") era uma tendência cultural que se alastrou desde o tempo de Alexandre Magno (330 a.C.) até o fim do Império Romano, sobrevivendo depois em formas clandestinas e esotéricas na Cristandade medieval. Poderia ser vista como um iluminismo místico, de tendência dualista, considerando a matéria como uma degeneração da Unidade Inicial, que é espiritual ou intelectual, o Nous ou Logos (= Razão). A gnose deu origem a círculos elitistas ou esotéricos (= só para iniciados), mesmo entre os cristãos. Quem denunciou isso com mais força, e ao mesmo tempo forneceu ampla informação, embora unilateral, foi S. Ireneu de Lião. Veja POSWICK, R.-F. Gnose. In: DICIONÁRIO Enciclopédico da Bíblia. São Paulo: Loyola, 2013, p. 592.

conservadas de Aristóteles ou Platão de seus respectivos originais é de mais de mil anos.

Os críticos do século 19 achavam que o quarto evangelista teria feito uma adaptação própria, meio fantasiosa, dos evangelhos sinópticos. Mesmo entre os mais críticos, a teoria de que João tivesse reescrito os sinópticos perdeu adeptos, mas em lugar disso postularam outras fontes. Rudolf Bultmann viu em João o uso de **diversas fontes literárias** não sinópticas, entre as quais uma para os discursos e outra, para os relatos dos "sinais" de Jesus — a famigerada "fonte dos Sinais", sete ao todo[3]. Essa teoria granjeou bastante sucesso, mas ultimamente está sendo abandonada.

Mas, para que João deveria recorrer a fontes, se ele foi um discípulo direto? — respondiam os que aceitavam a autoria apostólica do Quarto Evangelho, teoria reforçado pelo descobrimento dos acima mencionados manuscritos do 2º século. E mesmo exegetas mais críticos, que não confirmavam a identidade de João como filho de Zebedeu, preferiram então postular **uma tradição histórica independente** por trás do Quarto Evangelho, considerado até mais confiável que os sinópticos em alguns detalhes[4].

Hoje prefere-se pensar que João, com muita liberdade, fez uma "releitura" de suas memórias e daquilo que outros, por via oral ou escrita, tinham transmitido, integrando tudo isso, autonomamente, em sua visão própria[5]. Fala-se até em **"releitura pós-sinóptica"**, e tal teoria cabe

---

3. BULTMANN, R. *Das Evangelium des Johannes*. 18. Aufl. Gottingen: Vandenhoeck & Ruprecht, 1964. Cf. infra, cap. 2, nota 2.

4. DODD, C. H. *Historical tradition in the Fourth Gospel*. Cambridge: University Press, 1965.

5. Cf. BEUTLER, J. *Evangelho segundo João*: comentário. São Paulo: Loyola, 2016, p. 24-27.

muito bem para diversos textos, como sejam a purificação do Templo, a multiplicação dos pães, a unção em Betânia e o relato da Paixão. Mas, pode-se retomar um texto tradicional e transformá-lo tão radicalmente como o fez João? Tal procedimento é comum na Bíblia. O exegeta Eduard Schweizer explicou isso num artigo intitulado "Orthodox Proclamation"[6]: uma pregação que apenas repetisse os termos antigos não teria sido ortodoxa, teria sido uma infidelidade... O termo "reino de Deus" só podia provocar mal-entendido nos ouvidos dos cidadãos greco-romanos, que não conheciam a tradição judaica do reinado de Javé. Por isso, o Jesus joanino, em vez de falar do reino de Deus, fala da vida eterna, ou melhor, da "vida da era eterna"[7]. Pois o público de João vivia no Império Romano e não tinha interesse em mais um "reino". De fato, com a destruição do Templo, em 70 d.C., a ideia de um reino de Deus em moldes judaicos tinha soçobrado, e, por aquele mesmo tempo, o reino do Império Romano estava começando a martirizar os cristãos[8].

Hoje conhecemos melhor o mundo da teologia judaica, e isso nos leva a perceber o **caráter profundamente judaico do evangelho de João**[9], apesar de sua crítica àqueles

---

6. SCHWEIZER, E. Orthodox Proclamation. *Interpretation*, Richmond VA, t. 8, p. 387-403, 1954.

7. Só usa a expressão "reino de Deus" em 3,3.5, quando Jesus fala a Nicodemos, que, como judeu nacionalista, pensa nesses termos. O termo "reino" aparece ainda em 18,36 para explicar que Jesus não pensa nesses termos. O Jesus joanino prefere falar em "vida (eterna)", que é mais abrangente que o termo político "reino".

8. Perseguições dos imperadores Nero (64 d.C.) e Domiciano (90 d.C., contemporâneo da redação final do evangelho de João).

9. MANNS, F. *L'Évangile de Jean à la lumière du Judaïsme*. Jerusalem: Franciscan Printing Press, 1991.

"judeus" que rejeitaram Jesus e seus discípulos. Com essa nova sensibilidade, descobrimos que a maneira joanina de transmitir a mensagem acerca de Jesus muito tem a ver com os métodos da exegese judaica, por exemplo, o *midrash*: o desenvolvimento de pensamentos teológicos ou morais a partir de algum texto particular das antigas Escrituras. João apresenta interpretações muito ousadas de determinados textos do Antigo Testamento, por exemplo, que a visão de Isaías no Templo (Is 6,1-10) teria sido uma visão de Cristo (Jo 12,41). Na teologia patrística e medieval, esse tipo de "exegese" recebeu o nome de "sentido pleno", ou seja, a manifestação de um sentido que originalmente não era percebido e que, em Jesus, veio enriquecer o sentido original, tornando-se uma aquisição definitiva da fé.

Outro procedimento de tipo midráxico, em João, consiste em fazer uma elaboração a partir de determinado tema ou expressão, abrir uma janela no texto para acrescentar uma visão nova, que vem completar o que a tradição estava dizendo. Assim, João reduz a uma única frase o interrogatório de Jesus perante Caifás, no relato da Paixão (18,24), mas insere antes disso o interrogatório perante Anás (18,13-23), que não se encontra nos sinópticos. Enquanto o tradicional interrogatório perante Caifás tratava da messianidade de Jesus — tema da primeira geração cristã (Mc 14,53-65) —, o diálogo com Anás, inserido por João, levanta um tema que era atual para a terceira geração cristã, a questão do ensinamento e dos discípulos de Jesus (Jo 18,19-21); e a negação de Jesus pelo discípulo-mor, Pedro, serve para enquadrar essa alusão aos discípulos!

O Evangelho segundo João cresceu **a partir da celebração e da homilia**. Um exegeta do século 19 disse que o histórico em João é uma roupa emprestada; o essencial são os discursos (revestidos de história). Hoje dizemos: os grandes ensinamentos de Jesus no Quarto Evangelho foram moldados na homilia e na catequese (no sentido de iniciação da fé e de mistagogia). O evangelho de João compõe-se, essencialmente, de discursos com enquadramento narrativo, podendo até tomar forma de teatro (a samaritana, o cego, Lázaro, o relato da Paixão).

Porém, atenção: **o enquadramento narrativo não é algo extrínseco**, alheio à obra de Jesus, mas **é o espelho da encarnação de Jesus**. O Jesus de João não é apenas um Jesus de belos pensamentos, que poderiam ter sido falados por um anjo. São palavras que se verificam na ação de Jesus, que vem descrita no quadro narrativo. Se as palavras de Jesus são "espírito e vida", como lemos em Jo 6,64, a narrativa de sua ação, sobretudo no momento de dar sua vida na cruz, é a carne dessas palavras! O mais "espiritual" dos evangelhos é também o único a dizer que "a Palavra se tornou carne" (1,14)!

Repetimos: o Quarto Evangelho é um **evangelho "ruminado"**, nascido de uma pregação que já ultrapassou a fase do primeiro anúncio, do querigma (que se reconhece melhor em Marcos). João parece supor que o leitor implícito já conhece a tradição geral (do tipo dos evangelhos sinópticos). Isso se percebe em Jo 3,24 ou 11,2, bem como na ligação entre a multiplicação do pão e a caminhada sobre o lago (Jo 6,1-21) e em muitos outros textos; e, sobretudo, nos pressupostos sinópticos da história da Paixão segundo João[10].

---

10. Cf. DAUER, A. *Die Passionsgeschichte im Johannesevangelium*. München: Kösel, 1972.

3. Evangelho do Discípulo Amado?

O capítulo 21 de João não faz parte do evangelho propriamente, que termina em 20,30-31. É um epílogo. Focaliza os discípulos de Jesus, inclusive, o autor (hoje em dia seria a contracapa do livro). E o que diz sobre o autor? "Este é o discípulo que dá testemunho dessas coisas e as pôs por escrito, e nós sabemos que seu testemunho é verdadeiro" (21,24). Isso se refere ao "outro discípulo, aquele que Jesus amava e que, na ceia, tinha se inclinado sobre o peito de Jesus e perguntado: 'Senhor, quem é que vai te entregar'" (21,20).

Como se apresenta esse **Discípulo Amado**? Ele aparece pela primeira vez na segunda parte do evangelho, na Última Ceia (13,23)[11], e isso faz muito sentido. Ele faz parte do "círculo íntimo" de Jesus: os que participam do lava-pés e da última ceia; e representa, sozinho, ao pé da cruz, esse círculo dos discípulos, ao lado das mulheres que seguiram Jesus. Ao anunciar a hora de morrer na terra, qual grão de trigo, Jesus disse: "Onde eu estiver, estará também aquele que me serve" (12,26). O Discípulo Amado está aí. Por isso, ele é a **testemunha por excelência de Jesus** na sua "hora": "Aquele que viu dá testemunho, e seu testemunho é verdadeiro, e ele sabe que fala a verdade, para que vós também

---

11. Houve quem quisesse identificar o Discípulo Amado com o discípulo anônimo do capítulo 1, mas, segundo nossa leitura, não há tal discípulo anônimo no capítulo 1. Jo 1,35-42 fala de dois discípulos do Batista que seguem Jesus. Um é André, que chama Simão (1,40-42). Para muitos exegetas, o outro poderia ser o Discípulo Amado, que seria o autor, João, filho de Zebedeu. Mas o texto não dá o mínimo indício para essa identificação. É bem mais provável que o outro seja Filipe, que em 1,43-45 vai encontrar Natanael. Cf. BROWN, R. E. *The Gospel According to John (i-xii)*. Garden City: Doubleday, 1966, p. 84s.

acrediteis" (19,35). Ele é testemunha ocular, tendo visto os fatos de perto, e é também a testemunha exemplar, o verdadeiro discípulo, que ensina todos os crentes e fiéis a serem testemunhas daquilo que ele viu em Jesus na sua "hora". Ele viu, por assim dizer, Jesus por fora e por dentro. E o Quarto Evangelho é o testemunho que ele deixou por escrito, como diz o editor em 21,24. Ele é o "autor", no sentido de criador, do Quarto Evangelho[12].

Por que ele é chamado de "Discípulo Amado"? Tanto na tradição judaica como na helenista os mestres tinham seu discípulo predileto. Mas há outra conotação. Já no Antigo Testamento, "amar", muitas vezes, significa "eleger" para um destino ou missão especial. O Deuteronômio fala neste sentido do povo de Israel; Deus o amou, isto é, elegeu-o para que o amor e fidelidade de Deus fossem conhecidos por todos (Dt 7,7-9). Do mesmo modo, Deus amou Moisés e Davi. É nessa companhia que devemos situar o Discípulo Amado. Não sonhemos com a imagem romântica de um jovem adocicado, de olhos lânguidos, encostado sobre o peito de Jesus. No banquete judaico, em que os participantes se reclinavam apoiados sobre o cotovelo esquerdo, o convidado de honra, reclinado à direita do anfitrião, devia inclinar-se sobre o peito deste para lhe falar confidencialmente. É o que fez o Discípulo Amado para perguntar quem ia ser o traidor (13,25)[13]. A representação romântica de João esquece que, nos outros

---

12. "Escrever" pode significar mandar escrever, como Pilatos, quando diz "o que escrevi, escrevi" (19,22), enquanto não era capaz de escrever materialmente em hebraico, grego e latim.

13. No mesmo sentido João diz que Jesus está junto ao peito do Pai (1,18): ele conhece o coração do Pai.

evangelhos, João, filho de Zebedeu, é chamado "filho do trovão" (Mc 3,17), aquele que quer impedir que outros expulsem demônios em nome de Jesus (Mc 9,38) e ambiciona o primeiro lugar em seu governo (Mc 10,35.41).

Mas será que o quarto evangelista é, de fato, esse **filho de Zebedeu? E será que ele se chamou João?** Por tradição, o chamamos assim, mas os primeiros teólogos cristãos não sabem com certeza se ele foi João Apóstolo, pescador da Galileia e filho de Zebedeu, ou se ele foi certo João chamado de "o presbítero" (= ancião)[14]. Tampouco sabemos se ele foi o autor do Apocalipse, o qual se apresenta com o nome de João (Ap 1,1.4.9; 22,8). O fato de o autor manter o anonimato sugere que não é preciso conhecer o seu nome. Basta que acolhamos seu testemunho e abracemos a fé para, no nome de Jesus, ter a vida (Jo 20,31).

4. Uma pintura em dois painéis

O Quarto evangelho é como um conjunto de pinturas dividido em dois painéis, um díptico, como se diz. Os dois capítulos seguintes de nosso livro tratarão desses dois painéis, um depois do outro. Não são simplesmente duas partes que se seguem estancadamente, mas dois painéis que devem ser contemplados juntos, deixando o olhar passar de um para o outro alternativamente, pois se iluminam mutuamente.

Depois do Prólogo (1,1-18) temos o primeiro painel (1,19–12,50). Esta parte trata dos **"sinais"** de Jesus[15]: seus gestos proféticos, acompanhados de diálogos reflexi-

---

14. Sobre o testemunho de Papias segundo Eusébio, cf. BEUTLER, *Evangelho*, p. 31.
15. Cf. infra, cap. 2.

vos. Nesta parte, o público de Jesus são "o mundo" e "os judeus", os destinatários de sua mensagem e obra em geral. Esse período é concluído por um olhar retrospectivo no fim do capítulo 12 (12,37-50). Nesta primeira parte, o leitor é advertido diversas vezes de que ainda não chegou a "hora" de Jesus (2,4; 7,6; 7,30; 8,20).

O segundo painel[16] são os capítulos 13 a 20. Começa anunciando, de maneira muito solene, que chegou "a hora de Jesus voltar para o Pai" e que ele, "tendo amado os seus que estavam no mundo, amou-os até o fim" (13,1). Chegou a "**hora**" (como já foi dito no fim da primeira parte, 12,23). Nesta segunda parte, os interlocutores de Jesus são, inicialmente, os seus discípulos (cap. 13–17). Ele lhes explica o sentido de sua volta ao Pai: ele vai realizar seu gesto de amor até o fim, no dom da própria vida. Por isso, deixa aos "seus" o seu legado: o mandato do amor fraterno. Nos últimos capítulos (18–20), João descreve como este amor é "levado até o fim", "consumado", na morte de cruz, ato livre de Jesus, que, com sua ressurreição, constitui a **glorificação mútua do Pai e do Filho**.

5. Ler como literatura

Livros podem ser lidos de muitas maneiras. Pode-se ler um guia telefônico para ver quantas vezes ocorre o nome Silva. Podemos ler um guia de floricultura para encontrar um nome exótico para nossa filha que vai nascer. Normalmente, porém, convém ler os textos de acordo com o objetivo com que foram compostos. Ora, os evangelhos encarnam sua mensagem em forma de literatura e

---

16. Cf. infra, cap. 3.

devem ser lidos de acordo com os movimentos do texto e envolvendo-se no processo de comunicação e de significação que acontece entre o autor e o leitor[17]. Entramos no mundo do texto. É o que acontece na **leitura literária**, o "ler como literatura". A leitura historiográfica nos dá informação. A leitura sociológica nos dá ideologia. E a leitura literária nos dá um soco no estômago ou inquietude no coração. Ou, eventualmente, paz.

Houve quem quisesse ler os evangelhos para neles encontrar ciência histórica, fundamentar dogmas ou até formular ideologia política. Hoje, ensinados por essas tentativas, preferimos ler os evangelhos como o que são em primeiro lugar: literatura. Narrativas — misturadas com diálogos e reflexões — que nos fazem perceber **o que Jesus de Nazaré significou para as comunidades que ele deixou:** os amigos e discípulos que conviveram com ele, que lhe deram sua fé e que testemunham essa fé para que outros também possam "ter a vida" graças a essa fé (20,30-31).

Os evangelhos não querem provar dogmas ou decretar normas. **Não querem demonstrar. Querem é mostrar.** Mostrar quem e como foi Jesus, e como nele se reconhece o domínio ou Reino de Deus (isso, nos sinópticos) ou, até, Deus mesmo (isto, em João).

Para mostrar com mais clareza como Deus se manifesta em Jesus, **João faz uso do drama**, do teatro, muito praticado no seu ambiente. Em vez das breves narrativas de Marcos, João cria grandes episódios, que hoje os grupos de jovens facilmente põem em cena, pois têm traços

---

17. Cf. SILVA, C. M. Dias da. *Leia a Bíblia como literatura*. São Paulo: Loyola, 2007.

de teatro: a samaritana, o cego de nascença, Lázaro, o lava-pés, o processo de Jesus... Onde nos sinópticos os personagens são anônimos, em João, muitas vezes, eles têm nome, como é preciso no teatro. E mais do que isso: por todo o seu conjunto, o Quarto Evangelho é um grande drama, **o drama da vitória da luz sobre as trevas**; da verdadeira glória de Deus, que é o amor de Cristo crucificado, vencendo as trevas do mundo. É a representação dramática do que diz a Primeira Carta de João: "Esta é a vitória que venceu o mundo: a nossa fé" (1Jo 5,4).

O Quarto Evangelho usa de **estilo e linguagem polissêmicos**, ou seja, abertos a diversas interpretações. Não é unívoco, ao gosto da racionalidade moderna. Uma primeira razão disso é a economia do vocabulário. Enquanto nosso dicionário Houaiss tem 330 mil entradas, o evangelho de João usa somente 1011 vocábulos diferentes, menos que qualquer outro evangelho[18]. E não é por falta de mensagem: **ele diz mais com menos**. Outra razão da polissemia em João é sua índole didática e simbólica. Ele quer mostrar que aquilo que ele conta tem um sentido mais profundo. As palavras apontam para algo a mais que seu sentido primeiro.

Isso faz parte do **caráter mistagógico** deste evangelho. Seu contexto é a iniciação e aprofundamento nos mistérios cristãos: o batismo e a eucaristia. O Quarto Evangelho mostra o sentido profundo daquilo que a comunidade celebra como memória de Jesus. Para isso, com habilidade didática e dramatúrgica, **lança mão do**

---

18. Marcos: 1345 vocábulos; Mateus: 1691; Lucas: 2055 (cf. MORGENTHALER, R. *Statistik des neutestamentlichen Wortschatzes*. Frankfurt: Gotthelf, 1958, p. 164).

duplo sentido, do mal-entendido e da ironia, que é o questionamento para fazer refletir. Os destinatários da ironia não são somente os judeus, por estarem fora da compreensão cristã, mas também os próprios discípulos, mesmo depois de sua instrução particular, por exemplo, no fim do discurso de despedida:

> Os seus discípulos disseram: "Agora falas claramente e não usas mais nenhuma figura. Agora vemos que sabes tudo e não precisas de que alguém te faça perguntas. Por isso, cremos que vieste de Deus". Respondeu-lhes Jesus: "Credes agora? Eis que vem a hora, e já chegou, em que sereis dispersos, cada um para seu lado, e me deixareis só..." (Jo 16,29-32).

Até Maria Madalena, ao encontrar o Ressuscitado, tem de aprender ainda; primeiro, para reconhecê-lo e, depois, para não segurá-lo, visto que ele está subindo para o Pai, ao qual agora chama de "meu Pai e vosso Pai" (Jo 20,14-17).

O leitor de João transforma-se, com ele, em discípulo amado de Jesus. Com sua esplêndida arte literária e sua vertiginosa profundidade mística, João faz Jesus falar não apenas aos judeus e aos discípulos que Jesus encontrou no seu caminho, mas ao leitor de sua comunidade — até hoje. Assim, Jesus é para os fiéis do tempo de João e para nós, hoje, a Palavra de Deus, como diz o Prólogo (1,1).

Capítulo Segundo

O "Livro dos Sinais"

A primeira parte do Evangelho de João foi chamada, pelos eruditos, de "Livro dos Sinais", por ser caracterizada por grandes gestos milagrosos de Jesus, chamados "sinais". Esta parte tem uma conclusão própria no fim do cap. 12, enquanto em 13,1 temos o solene início da segunda parte.

1. O Prólogo: mostrar Deus ao narrar Jesus

O evangelho é precedido pelo Prólogo, que inicia o evangelho todo e, ao mesmo tempo, a primeira parte. "A Deus, ninguém nunca viu. Um Unigênito Deus, que está sobre o peito do Pai, ele no-lo expôs" — assim soa, traduzido literalmente, o último verso do famoso Prólogo de João (1,18). Jesus desdobra Deus diante de nossos olhos.

Não é o autor que vai nos mostrar Deus. Quem o mostra é Jesus, o Unigênito, mandatário de uma eleição única e incomparável. Jesus mesmo é Deus que se autocomunica, que vem à fala em Jesus. Ele é a Palavra de Deus, Deus que fala. Nele, Deus mesmo se dá a conhecer, falando e agindo. E assim, ele nos dá a vida verdadeira: "A vida eterna é esta: que conheçam a Ti, o Deus único, e a Jesus Cristo, que tu mandaste" (17,3).

Por este **Deus-Palavra**, tudo foi criado, diz o Prólogo (Jo 1,3). "Deus disse: 'Haja luz', e houve luz" (Gn 1,3). Essa **luz** é a **vida** dos seres humanos (Jo 1,4). E o autor, recorrendo à oposição metafórica de luz e trevas, continua: "As trevas não a dominaram" (Jo 1,4-5).

Depois, João concentra seu pensamento em torno do que a comunidade se lembra de Jesus. Em primeiro lugar, de João Batista, que introduziu Jesus. Ele veio para dar testemunho, sem ser ele mesmo a luz (1,6-8). Deu testemunho da luz verdadeira que, vindo ao mundo, a todos ilumina (1,9). Porém, quando aquele que é a luz veio ao mundo, por ele criado, o mundo não o reconheceu (1,10). Pior, vindo até os "seus" — o povo elegido por Deus —, estes não o acolheram (1,11).

Ao falar assim, o Prólogo coloca em cena os dois círculos concêntricos que o Deus-Palavra haverá de enfrentar: o círculo maior, o "mundo", e o círculo interior, o antigo povo eleito, liderado pelos que João costuma chamar de "os judeus" (o grupo dominante do próprio povo de Jesus). Esses o rejeitaram. Mas houve também, nos dois círculos, quem o acolhesse, e estes são chamados "filhos de Deus", não meros produtos das forças humanas (1,12-13)[1].

Nesta altura, o evangelista enuncia a frase que resume toda a narrativa que ele vai propor: "**A Palavra se fez carne** e armou sua tenda entre nós" (1,14a). "Carne" é a palavra bíblica para o ser humano em sua qualidade de criatura, limitada no tempo e no espaço. Tal é a existência

---

1. "Filho", nas línguas bíblicas, não se refere necessariamente à procriação biológica, e nem mesmo à *origem* no sentido amplo, mas, frequentemente, à *pertença* a determinado ambiente, convicção, atitude, grupo, entidade, gênero, cultura, religião etc. Um soldado é chamado "filho da guerra" etc.

que a Palavra assume. Por isso, o dia da "encarnação" por excelência não é o Natal, mas a Sexta-Feira Santa, quando Jesus é mais "carne" do que nunca: o dia do *consummatum est* ("consumado está"). E será precisamente nesse dia que se manifestará o sentido central do Prólogo: "Nós vimos a sua glória, glória como do Unigênito do Pai, cheio de graça e de verdade" (1,14bc).

Mas para saber em que consiste a glória do Unigênito do Pai, que a todos nós proporciona graça sobre graça (1,17), devemos ler o evangelho todo. O Prólogo é apenas o aperitivo.

2. Jesus entra em cena (Jo 1,19-51)

Assim como Marcos, João inicia o relato evangélico com a atividade de **João Batista**. João batizava junto do rio Jordão, anunciando o mais forte que viria depois dele. E, além disso, testemunhava a respeito de Jesus: "Eis o cordeiro de Deus, que tira o pecado do mundo" (1,29). Esta expressão antecipa como Jesus levará a termo a sua obra: imolado como os cordeiros que eram oferecidos para reconciliar os oferentes com Deus. Jesus vai tornar supérfluos esses cordeiros, vai até expulsá-los do Templo (2,15). Quando Jesus se deixou batizar com o povo, o Batista, por inspiração divina, reconheceu nele o "Filho de Deus" (1,34) e testemunhou que o Espírito de Deus está e permanece sobre ele (1,33).

Segundo o Quarto Evangelho, foi nesse contexto, junto do rio Jordão, que se deu **a vocação dos quatro primeiros discípulos** (não à beira do lago de Genesaré, como em Marcos). **João Batista orientou os seus discípulos para serem seguidores de Jesus** (1,35-51). Em tudo, ele é uma testemunha que aponta para Jesus (cf. 1,6-8). Mais tarde ele dirá, a respeito de Jesus: "Ele deve crescer, eu, diminuir" (3,30).

O primeiro discípulo que o Batista encaminha para Jesus é André. Este chama o seu irmão, Simão, logo identificado como Pedro (1,42). O segundo é Filipe, que chama Natanael, e este, interpelado por Jesus, reconhece nele "o Filho de Deus, o Rei de Israel", o Messias (1,49). Jesus promete a Natanael, o "israelita verdadeiro" (1,47), que ele verá coisas maiores; e, em seguida, diz para todos (inclusive para o leitor): "Vereis o céu aberto e os anjos de Deus subindo e descendo a serviço do Filho do Homem" (1,50-51). Este Filho do Homem é o personagem humano que, num sonho do profeta Daniel, aparece como enviado de Deus para trazer o reinado de Deus à terra (Dn 7,13-14).

3. Os primeiros sinais abrem a fé (Jo 2–4)

A primeira parte do Quarto Evangelho é marcada pelos **gestos milagrosos de Jesus, chamados de sinais**. Ao que nós chamamos de milagres (maravilhas, gestos admiráveis), os evangelhos sinópticos chamam de "atos poderosos" (*dynameis*). Os Atos dos Apóstolos falam em "sinais e maravilhas" (*sēmeia kai terata*). João fala em "sinais" (*sēmeia*), como o Antigo Testamento quando fala de Moisés e dos profetas. João não quis acentuar o maravilhoso, nem o poderoso, mas o significativo. O valor dos sinais não está em deixar-nos boquiabertos, mas em significar alguma coisa especial. Assim, o final da história das bodas de Caná soa:

> Este sinal, Jesus o fez como início dos sinais, em Caná da Galileia, e manifestou sua glória. E seus discípulos creram nele (Jo 2,11).

Esta frase oferece uma chave para interpretar os outros "sinais" que vão ser contados: são **manifestações da "glória" de Jesus**. Mas, como vimos, ao apresentar o Prólogo, a glória de Jesus talvez seja outra coisa do que pense um espectador superficial.

Os comentadores contam em João sete sinais maiores, número de completude. Mas houve muito mais do que sete sinais de Jesus, como João mesmo dá a entender no final do evangelho[2]:

> Na verdade, Jesus fez diante dos discípulos muitos outros sinais que não estão escritos neste livro (Jo 20,30).

O primeiro "sinal" de Jesus são as bodas de Caná (2,1-11). Logo depois que Jesus volta à Galileia, sua mãe é convidada a uma festa de bodas, e Jesus e seus discípulos também. A mãe faz Jesus atento à falta de vinho. Jesus responde, misteriosamente, que sua hora ainda não chegou (2,4), mas mesmo assim, a mãe manda fazer tudo o que ele disser. Jesus ordena encher com água as grandes bacias de pedra que os judeus usavam para suas abluções rituais, e manda servir a água ao mestre-sala. Este, ao provar, chama o noivo e ensina a esse rapaz inexperiente que primeiro se serve o vinho bom e depois, quando os convidados já beberam bastante, o inferior. O mestre-sala observa que o noivo guardou o vinho melhor "até agora" (2,10). Que significaria esse "até agora"? A pergunta fica conosco como uma pulga atrás da orelha...

---

2. Não é evidente que João quis contar sete sinais; ele só numera os dois primeiros. Menos evidente ainda é que ele teria usado uma fonte literária anterior contendo sete sinais de Jesus, a "Semeiaquelle" de R. Bultmann (na realidade, de A. Faure). Cf. Beutler, *Evangelho*, p. 24.

Ao final, o narrador conclui:
> Este sinal, Jesus o fez como início dos sinais, em Caná da Galileia, e manifestou sua glória. E seus discípulos creram nele (2,11).

Mas, como ainda não tivesse chegado a sua hora (2,4), eles creram antes da hora! A fé que corresponde ao **início dos sinais** é apenas um **início da fé**. Nas narrativas seguintes, o evangelista vai mostrar o crescimento dessa fé.

Depois do primeiro sinal em Caná da Galileia, **Jesus sobe a Jerusalém para a festa da Páscoa** — a primeira das três que João menciona (2,13; 6,4; 11,55). Ao chegar em Jerusalém, Jesus expulsa do Templo não só os mercadores e cambistas (como em Mc 11,15-17), mas também os animais do sacrifício, usando até um chicote (Jo 2,14-15). Assim, expulsa do Templo a matéria prima do sacrifício! Acaba com os sacrifícios no Templo. João cita duas palavras que sublinham o sentido daquilo que Jesus fez. Uma, do Salmo 69,10: "O zelo (a paixão) por tua casa me há de devorar" (2,17). E a outra, resposta de Jesus mesmo à reclamação dos "judeus": "Destruí, vós, este santuário, e em três dias eu o reerguerei" (2,19). Depois, o evangelista explica para o leitor:
> Ele falava isso a respeito do santuário que é seu corpo. Depois que Jesus fora reerguido dos mortos, os discípulos se recordaram de que ele disse isso e creram na Escritura e na palavra que Jesus havia falado" (2,21-22).

Esta frase serve de orientação para o leitor: a fé em profundidade só virá depois da ressurreição de Jesus. Antes disso, os discípulos não entendem.

Isso vale também para nós: se nossa fé estivesse baseada só nos milagres de Jesus, sem contemplar sua cruz e ressurreição, não valeria nada. Jesus mesmo não acredita numa fé baseada só nos milagres (2,23-25).

A fé exige uma nova mentalidade. Um exemplo disso é **Nicodemos**, chefe dos judeus e fariseu. De noite, para não ser visto pelos colegas, ele procura Jesus. Impressionada com os sinais que Jesus fazia (3,2), concluiu que Deus devia estar com ele e que ele seria o realizador do Reino de Deus, que os judeus esperavam! Mas Jesus ensina a Nicodemos que, para participar do Reino de Deus, é preciso nascer de novo (3,3.5). E dá uma explicação que só cristãos catequizados podem entender: trata-se do novo nascimento do batismo na força do Espírito e da fé em Cristo, que nos salva pela cruz. Nicodemos, que não conhece a linguagem cristã, não entende (3,8-15). E aqui percebemos que o evangelho de João não foi escrito para quem está por fora, mas como aprofundamento para os que já conhecem a fé cristã: uma mistagogia.

Jesus, então, sai de Jerusalém e continua sua atividade: uma atividade batismal com os discípulos que **João Batista** lhe havia fornecido (3,22). Por ocasião disso, alguém sugere que Jesus faz concorrência a João. Este, porém, responde que Jesus é o noivo que deve receber a noiva (imagem bíblica do Povo de Deus), enquanto ele mesmo é o amigo, que se alegra plenamente com a alegria do noivo (3,29). Encontramos aqui uma chave para a compreensão simbólica das bodas de Caná: o verdadeiro noivo é Jesus[3]!

Continuando o caminho de volta para a Galileia, Jesus passa pela Samaria e encontra ali **uma mulher sama-**

---

3. Ou Deus, que, representado por Jesus, acolhe sua Esposa, o povo (Is 62,1-5, entre outros). Para o evangelista o papel de Jesus é equivalente ao de Deus, e assim também parece sentir o autor do Apocalipse (Ap 22,17.20).

ritana que, sob o sol do meio-dia, vem buscar água no poço artesiano cavado pelo patriarca Jacó. Também a ela Jesus explica, não sem dificuldade, o sentido simbólico da água que ele oferece: água de vida eterna (4,13-14). Essa água é o que Jesus diz, faz, opera e comunica: o Espírito de Deus que ele manifesta em suas palavras e gestos e que, para o crente cristão, é simbolizado pela água do batismo. Esse Espírito deve conduzir à adoração de Deus em Espírito e verdade (4,23). Então, Jesus revela que ele é o messias que a mulher e seus conterrâneos esperam (4,25-26). Ela percebe o inaudito de Jesus e, enquanto este dá aos discípulos uma instrução sobre a missão (4,27-38), ela avisa os samaritanos, que logo se dispõem a acolher a palavra de Jesus (4,40-42). A samaritana foi a primeira missionária de Jesus.

Então, Jesus volta a Caná da Galileia. Lá, ele faz **o segundo sinal expressamente numerado**[4]. Um funcionário do vice-rei Herodes, em Cafarnaum, fica sabendo. Cafarnaum fica a um dia de viagem de Caná. O homem se desloca até Jesus, em Caná, a fim de implorar ajuda para seu filho, que está à beira da morte. Jesus, depois de advertir que crer em "sinais e maravilhas" á apenas algo provisório (4,48), restitui a vida ao filho. O funcionário acredita na palavra poderosa de Jesus e, ao regressar, constata que produziu o seu efeito. Então, ele passa a crer de modo mais completo, aderindo a Jesus na fé, com toda a sua casa (4,53). João numera este sinal como o segundo que Jesus fez — ao voltar da Judeia para a Galileia (5,54). Assim, **a fé vai crescendo**.

---

4. Isso acentua que os dois primeiros sinais aconteceram em Caná da Galileia, mas não sabemos por que Caná é tão importante.

4. Os sinais provocam opção e profissão de fé (Jo 5–12)

A partir daí, os sinais seguintes não vêm mais numerados e são também chamados de obras, pois fazem parte "da obra" de Jesus. João conta **a cura de um aleijado em Bezata**, perto do Templo de Jerusalém (5,1-9b). Como, porém, essa cura aconteceu num dia de sábado (5,9c), os "judeus" perseguem Jesus por ter mandado o homem trabalhar no sábado, carregando a maca de que já não precisava. Além disso, para maior indignação dos fariseus, Jesus diz que o Pai trabalha sempre, e ele mesmo também (5,17). Os judeus entendem isso como se Jesus se fizesse igual a Deus, e começam a persegui-lo com raiva mortal (5,18). Jesus, porém, mostra que o que ele faz é obedecer a Deus, seu Pai, como um filho que, em sua obediência, participa de tudo o que o Pai faz. Ele participa inclusive do poder de dar a vida, não só curando, mas, também, trazendo presente o julgamento de vida e morte, pois diante de sua palavra as pessoas optam pela vida ou pela morte (5,24-25; cf. 3,19-21)[5]. E isso, já! "Vem a hora, e é agora" (5,25; cf. 4,23).

O próximo sinal é o do **pão da vida** (6,1-71). Este sinal dá ensejo a um ensinamento simbólico, comparável ao da água da vida para a samaritana. Aqui, os interlocutores são "os judeus", que mostram o mesmo nível "carnal" (materialista) de compreensão (ou de incompreensão!) que Nicodemos e a samaritana. E, como no caso destes, também aqui o verdadeiro destinatário daquilo que o evangelista conta é o cristão, que está sendo introduzido no mistério da Eucaristia. Esse é o "leitor implícito" do evangelho de

---

5. Esta passagem fala a linguagem do Deuteronômio: Dt 30,15-20.

João. Todos esses textos no Quarto Evangelho são mistagogias cristãs, instruções para os fiéis que estão sendo ou foram iniciados na fé. É neste sentido que devemos entender a explicação do pão da vida em Jo 6,25-29.

Ao sinal do pão em abundância acopla-se outro, que nem chega a ser chamado de sinal: a caminhada de Jesus sobre o lago de Tibérias (6,16-21). Esta aparição misteriosa de Jesus ajudará os Doze a fazerem, no fim do episódio, e diferentemente da multidão, uma opção positiva por Jesus, reconhecendo-o como aquele que tem "palavras da vida eterna" (6,68).

Nos capítulos 7 e 8, **Jesus trava uma disputa com os "judeus", por ocasião da festa das Tendas**, grande festa de peregrinação a Jerusalém. Jesus se dá a conhecer como aquele de cujo interior fluem as águas da vida eterna (7,37-39) e, também, como a luz do mundo (8,12). Para o leitor implícito, isso é uma catequese a partir dos dois grandes símbolos da festa: a água da salvação e a luz que ilumina Sião, a cidade de Deus[6]. Logo depois, Jesus realiza um sinal de "água e luz". Para manifestar que ele é a luz do mundo (9,5), **abre os olhos a um cego de nascença**, mandando-o banhar-se nas águas salvadoras de Siloé (9,1-41). Este detalhe é muito significativo, pois com a água tirada de Siloé celebravam-se, na festa das Tendas, as

---

6. Na festa das Tendas levava-se cada manhã ao Templo uma bacia com a água do reservatório de Siloé, considerada "água da salvação" (a piscina de Siloé recebia, pelo túnel de Ezequias, as águas da fonte do Gion, situada debaixo do Templo). No último dia iluminava-se toda a esplanada com fachos, simbolizando a luz de Deus brilhando sobre a cidade. Importa ler Jo 7,37-52 (água) e 8,12-20 (luz) em sequência direta, pois o trecho 7,53–8,11 (a mulher adúltera) é uma inserção (canônica) de data posterior à redação do evangelho.

"águas da salvação", e, além disso, o nome "Siloé" significa "Enviado", como João observa explicitamente (9,7). A bom entendedor meia palavra basta... O "Enviado" é Jesus, e o "sinal" do cego curado na água de Siloé é também uma catequese ou mistagogia batismal. Nesta narrativa o "candidato" passa por sérias provas[7], no fim das quais ele exprime o desejo de ver o Filho do Homem. E, de fato, ele o vê: "Tu o estás vendo: sou eu que falo contigo" (9,37). Então, o homem exprime sua fé, prostrando-se em adoração diante de Jesus (9,38).

O capítulo 10 continua no cenário da festa das Tendas e de seu prolongamento, a festa da Dedicação do Templo[8]. Neste contexto, de forte espírito messiânico, Jesus comenta sua obra e missão mediante **a alegoria do verdadeiro pastor** (em contraste com os ladrões e assaltantes que até nesse momento estavam levando a comunidade)[9].

No capítulo 11 segue o sétimo e último dos sinais, **a ressuscitação de Lázaro**. Aqui, o ensino mistagógico se encontra dentro do diálogo com Marta: "Eu sou a res-

---

7. Os "judeus" submetem o ex-cego a uma "inquisição" (9,15.24). O uso litúrgico deste evangelho está ligado aos "escrutínios" ou provas exigidas, na quarta semana da quaresma, dos candidatos que iam ser batizados na noite pascal.

8. A festa das Tendas, lembrando a inauguração do templo de Salomão (930 a.C.) e de Zorobabel (515 a.C.), se celebrava fim de setembro/início de outubro. A festa da Dedicação lembrava a reconquista do Templo por Judas Macabeu, depois da profanação pelos sírios, em 164 a.C., e era celebrada em dezembro.

9. "Todos os que vieram antes de mim eram ladrões e bandidos", diz Jesus (10,8). Devemos entender isso como expressão do "Jesus eclesial" (como em 3,11, onde Jesus fala a Nicodemos as palavras da comunidade): os "bandidos e ladrões" que "vieram antes de mim" (= Jesus e sua comunidade) não são os patriarcas ou os profetas, nem João Batista, mas os mestres da sinagoga judaica, com a qual o Quarto Evangelho está em contínua disputa.

surreição e a vida... Quem vive e crê em mim não morrerá jamais, crês isso?" (11,25-26). Lázaro é o símbolo do catecúmeno "perfeito", levado à perfeição da fé — o que é simbolizado pela vida nova que ele recebe e na qual os irmãos e irmãs o devem ajudar, soltando as faixas mortuárias que ainda o amarram (11,44). Este sinal nos faz pensar em Paulo: "Pelo batismo fomos sepultados com Cristo na morte, para que, como Cristo foi ressuscitado dos mortos pela ação gloriosa do Pai, assim também vivamos uma vida nova" (Rm 6,4)[10].

5. Conclusão dos sinais

Os dois primeiros sinais enquadraram a "descoberta" de Jesus pelos primeiros discípulos, por Nicodemos, pela samaritana, pelo funcionário real. Os seguintes, a partir do capítulo 5, provocarão discussão em torno de Jesus. Alguns dos que presenciam estes sinais mostram abertura, mas aqueles que rejeitam Jesus e procuram matá-lo se impõem com crescente violência. Isso se mostra, sobretudo, na inquisição descrita no capítulo 9, quando os pais do cego manifestam medo dos "judeus", que ameaçam expulsar da sinagoga quem adira a Jesus (9,22)[11]. Entrementes, as autoridades judaicas articulam, com crescente determinação, a morte de Jesus, à medida que os sinais

---

10. A história de Lázaro não se refere à ressurreição do último dia (em que pensa Marta, 11,24), mas à vida nova em união com o Cristo ressuscitado, agora (11,25) — o que é o sentido do mistério batismal. Veja mais em LÉON-DUFOUR, X. *Leitura do Evangelho segundo Joao III*: capítulos 13-17. São Paulo: Loyola, 1996, p. 283-285; KONINGS, *Evangelho segundo João*: amor e fidelidade. São Paulo: Loyola, 2005, p. 222-223.

11. Do mesmo modo, Jo 12,42 menciona os chefes que acreditam em Jesus, mas não o professam por medo dos "judeus".

se tornam mais poderosos (sobretudo o sinal de Lázaro). Querem matar Jesus, que o ressuscitou (11,53), e querem matar o próprio Lázaro ressuscitado (12,9). Será que João pensa naquilo que, no tempo em que ele escreve, está ocorrendo aos fiéis, co-ressuscitados com Cristo?

Há uma **correlação entre os sinais e a linguagem simbólica** do Quarto Evangelho em geral. Usando a linguagem simbólica, Jesus se declara ser aquilo que ele proporciona no sinal. O sinal é a visualização concreta do dom de Deus em Jesus. Ele "é" o pão do céu que o sinal representa, ele é o pão que desce do céu para alimentar a vida eterna em nós (6,35). Ele "é" a luz que ele proporciona ao curar o cego (9,5), e isso, mediante a água, que, simbolicamente, também é ele — a água de Siloé, o Enviado (9,7). Ele "é" a ressurreição e a vida que ele faz acontecer em Lázaro (11,25). Por isso devemos pensar também que ele "é" o verdadeiro Esposo que causa a alegria simbolizada pelo vinho das bodas de Caná.

Assim entendemos melhor o que são os sinais de Jesus em João. **No nível da história narrada, são sinais** de que Deus está com Jesus (3,2), como estava com Moisés na presença de hebreus e egípcios[12]. São as credenciais que Deus fornece a seu profeta. Mas **no nível do ato de narrar e do efeito do texto** no leitor implícito, **servem para visualizar o processo da fé**. A narração dos sinais faz o leitor, "principiante na fé", crescer no conhecimento do mistério de Jesus (para isso serve a linguagem simbólica) e o leva à intrépida profissão de fé (como o cego de nascença) e à participação da "vida do éon eterno" (des-

---

12. Ao que nós chamamos as pragas do Egito, a Bíblia chama de sinais.

conhecida de Nicodemos, no início, mas realizada em Lázaro, no fim). Não por nada, diversos destes textos foram escolhidos, desde o início do cristianismo, para a liturgia da Quaresma, tempo de preparação do batismo[13].

Em Jo 12,37-50 encontramos um **retrospecto sobre os sinais**. Os "judeus" viram os sinais, mas não enxergaram seu sentido (cf. 6,26). Agora, na conclusão do Livro dos Sinais, João explica ao leitor que o conflito de fé e incredulidade diante dos sinais é o sentido pleno daquilo que foi dito a Isaías na hora de sua vocação (12,37-43).

Sob outro aspecto, os sinais significam **a presença do julgamento**. Jesus mesmo diz que se deve ver nele o próprio Deus, falando e agindo. E quem, diante disso, se fixa na recusa, é como se escolhesse a própria morte (12,44-50)[14].

---

13. Na antiguidade cristã, estes textos serviam para os "escrutínios", ou provas de preparação para o batismo, na 4ª semana da Quaresma, os textos da samaritana, do cego e de Lázaro (cf. acima, nota 7). O concílio Vaticano II colocou estes textos nos 3º, 4º e 5º domingos do ano A (com a sugestão de usá-los também no ano B e C), em vista do batismo ou renovação do batismo na noite pascal.

14. Cf. Dt 30,15-20.

Capítulo Terceiro
O "Livro da Glória"

1. A "hora" de Jesus (13,1)

A segunda parte do evangelho de João (cap. 13–20) é chamada o "Livro da Glória" ou da "Hora" de Jesus — da hora que "não tinha chegado" quando Jesus deu início aos sinais, em 2,4; e tampouco em 7,30 ou 8,20, quando queriam prendê-lo para matá-lo.

No fim da primeira parte, Jesus anunciou: "É chegada a hora em que será glorificado o Filho do Homem" (12,24). Para surpresa dos personagens e do próprio leitor, trata-se da hora em que o grão de trigo deve morrer na terra. Depois, Jesus, em agonia, pede ao Pai que o livre dessa "hora", porém acrescenta: "Mas foi para esta hora que eu vim! Pai, glorifica o teu nome". E uma voz do céu responde: "Eu já o glorifiquei, e o glorificarei de novo" (12,27-28). É a hora do julgamento, em que o chefe deste mundo será lançado fora. Isso, porque Jesus será enaltecido e, no seu enaltecimento, atrairá todos a si (12,31-32). E João explica: "Ele disse isso significando de que morte ia morrer": enaltecido na cruz (12,33).

Essa hora, que estava para chegar e que agora chegou, é **a hora da crucificação, que é também a glorifi-**

cação de Jesus[1]. Quem entende isso, entendeu o Quarto Evangelho.

2. Ensinamento na hora da despedida (Jo 13–17)

A partir da **chegada da "hora"**, em Jo 13,1, os ouvintes de Jesus não são mais a multidão, mas seus "fiéis", seus íntimos, os que o seguiram... até aqui. Se na primeira parte entraram diversos personagens que pareciam candidatos à fé — Nicodemos, a samaritana, o alto funcionário de Cafarnaum, o cego de nascença, Marta e Maria —, agora os ouvintes são só os Doze, que acompanharam Jesus, e a eles se acrescenta o misterioso "Discípulo Amado", mencionado pela primeira vez em 13,23. Estes são tratados por Jesus num nível mais avançado que os "candidatos" da primeira parte. São vistos como quase iniciados na fé e destinados a propagá-la depois da despedida de Jesus, que já fala como que de além-túmulo.

Antes da Páscoa, na quinta-feira, Jesus e os discípulos se reúnem para **uma ceia** (Jo 13,2). Nos evangelhos sinópticos (Mc 14,12), esta ceia é a própria ceia da noite pascal. Para João, porém, esta ceia na quinta-feira não é a ceia pascal judaica, que ele situa ao anoitecer da sexta-feira (cf. Jo 18,28). É difícil dizer quem transmite a cronologia com mais exatidão, João ou os sinópticos. Nem todos os judeus celebravam a Páscoa no mesmo momento[2]. E deve-se

---

1. Cf. CASALEGNO, A. *Para que contemplem a minha glória (João 17,24)*: introdução a teologia do Evangelho de João. São Paulo: Loyola, 2009.

2. Cf. THEISSEN, Gerd. *O Jesus histórico*: um manual. 2. ed. São Paulo: Loyola, 2004, p. 177-179. Estudo clássico: JAUBERT, Annie. *La date de la Cène*: calendrier biblique et liturgie chrétienne, Paris: Gabalda, 1957.

levar em consideração que os evangelhos foram escritos para servir de texto-base para suas comunidades, apresentando os acontecimentos da paixão e morte de Jesus em sincronia com a liturgia da comunidade. Os sinópticos parecem acentuar que Jesus, pela instituição da Eucaristia, renova a ceia pascal. Em João, porém, o mistério eucarístico é representado pelo sinal dos pães (Jo 6). Ao narrar a ceia, ele acentua o despojamento de Jesus (no lava-pés, 13,1-20); e quando relata a paixão e morte, ele sublinha que Jesus é condenado na hora em que os cordeiros pascais são imolados, na véspera da Páscoa (Jo 18,28).

Durante a ceia, já estando à mesa, Jesus se levanta, depõe o seu manto de mestre, cinge uma toalha, como um escravo qualquer, e começa a **lavar os pés** dos discípulos. Ora, ninguém gosta de ser seguidor de um escravo. Por isso, Pedro reclama, mas Jesus lhe diz: "Se eu não te lavar, não tens parte comigo" (13,9). E quando Pedro, exagerado, pede então um banho inteiro, Jesus responde: "Quem já tomou banho não precisa lavar-se, senão os pés" (13,10). Pois não se trata de um banho de purificação, mas da abnegação de Jesus que assume o serviço de escravo, a ponto de dar a própria vida, como o Servo Sofredor prefigurado em Isaías 52,13–53,12. Depois, quando veste de novo seu manto de mestre, Jesus ensina: "Dei-vos um exemplo, para que vós também laveis os pés uns aos outros" (13,14). Estas palavras preparam o mandamento que vai seguir: "Amai-vos uns aos outros, como eu vos amei" (13,34).

Antes disso, porém, Jesus **anuncia que um deles vai traí-lo**. Ao "Discípulo Amado", que aqui entra em cena (13,23), Jesus confia: "É aquele a quem eu der um bocado passado no molho" (13,26). Judas toma o bocado, e sai. "Era noite" (13,30). E Jesus anuncia: "Agora foi glorificado o Filho do Homem, e Deus foi glorificado nele" (13,31). Enquanto Judas se embrenha nas trevas do plano mortal do *diábolos*, surge a luz da glorificação do Filho do Homem!

Jesus explica isso a partir do tema de **sua despedida**. Ele vai para o Pai. Vai preparar um lugar para os seus, e eles poderão, então, numa maneira nova, estar onde ele está (14,3)[3]. E eles conhecem o caminho, diz Jesus (14,5). Mas Tomé objeta que não conhecem o caminho. Então Jesus responde: "Eu sou o caminho, a verdade e a vida" (14,6). Pois o "caminho", na Bíblia, significa o modo de viver. Quem vive como Jesus, encontra a verdade e a vida, que estão em Deus. "Ninguém vai ao Pai senão por mim": ir a Deus sempre passa pelo caminho que é Jesus, isto é, pelo seu modo de viver. Filipe, ainda um pouco verde na compreensão, pede: "Mostra-nos o Pai, isso nos basta". E Jesus responde: **"Quem me viu, viu o Pai"** (14,9).

Jesus não falou isso no tempo de seus sinais, quando forneceu vinho e pão, pois isso produziria uma imagem errônea de Deus, fornecedor de pão ou de vinho. No tempo daqueles sinais ainda não tinha chegado a hora. Agora sim, o dia de seu enaltecimento na cruz já começou (na contagem judaica[4]). Agora, quem o vê, vê o Pai, pois, segundo João, "Deus é amor" (1Jo 4,7), e ninguém tem amor maior do que aquele que dá sua vida por seus amigos (Jo 15,13).

Com seu enaltecimento na cruz, Jesus leva a termo sua obra, que consiste em manifestar o rosto de Deus, que é Amor. Agora ele pode ir embora, e os seus continuarão

---

3. Esta expressão significava em primeiro lugar estar junto à cruz (12,26). É um caso típico de sentido múltiplo de uma palavra de Jesus no Quarto Evangelho.

4. Na contagem judaica o dia começa pela véspera/pôr do sol.

a sua obra, até com maior extensão (14,12). Mas para isso eles precisarão de outro auxílio. Esse outro auxílio será o **"outro Paráclito"**, o defensor no processo com o mundo, que o mundo (no sentido negativo) não é capaz de receber, "o Espírito da Verdade" (14,17). Este trará à memória tudo aquilo que Jesus disse e fez, e ensinará tudo o que os seus fiéis no mundo precisam (14,26).

Assim, Jesus estará com eles, não carnal, mas espiritualmente. E estará com eles ainda de outra maneira: "Se alguém me ama, guardará minha palavra, e meu Pai o amará, e viremos a ele e estabeleceremos morada junto dele" (14,23). É a presença mística, que se realiza no ambiente do amor. Onde reinam o amor e a caridade, Deus aí está...

Então, Jesus **lhes deixa a paz**, a **sua** paz (14,27)[5], e conclui suas palavras de despedida, dizendo: "Vamos daqui" (14,31). Aparentemente, isso anuncia a ida ao monte das Oliveiras, quatro capítulos mais tarde, em 18,1. Mas antes disso, o autor insere alguns textos complementares, que aprofundam e enriquecem as palavras da despedida.

O primeiro complemento é **a alegoria da videira** (15,1-17)[6], em que Jesus explica o mandamento do amor fraterno que deixara como legado para os seus (13,34-35). O Pai é o dono da vinha, interessado na produção de frutos (15,8). Jesus é o tronco, os fiéis são os ramos, e os frutos são o amor em ações e em verdade (cf. 1Jo 3,18) que eles deverão produzir.

---

5. Não a "pax romana", nem a paz messiânica como a maioria dos judeus a esperavam.
6. Uma alegoria é uma figura de estilo pela qual se explica uma realidade abstrata (o amor) por uma imagem concreta (a videira), *comparando os diversos elementos da imagem com os diversos elementos da coisa abstrata*. É uma "parábola complexa".

O segundo complemento do discurso do capítulo 14 trata da **situação dos fiéis no mundo**. Os fiéis são como que acusados num processo diante do tribunal do mundo. E para que isso não se torne uma situação depressiva, sem sabermos a quem recorrer, recebemos "auxílio judicial" do Paráclito, que no processo com o mundo mostrará onde está a culpa (na incredulidade), quem é o justo (Jesus, que está indo para o Pai) e quem é condenado (o "chefe deste mundo" que é lançado fora) (16,7-11).

Algo que suscitava inquietação nos fiéis era a longa espera pela volta de Cristo. Os primeiros cristãos imaginavam que a parusia acontecesse muito em breve[7]. Essa inquietude pela demora da parusia deu origem ao terceiro complemento do discurso de despedida, a pergunta em torno do **"pouco tempo"** (16,16-19). No momento dos últimos retoques ao texto, já se passaram sessenta anos desde a partida de Jesus. Por isso, o discurso de despedida, testamento espiritual de Jesus, explica: o "pouco tempo" é provisório e esperançoso, como a aflição que a futura mãe sente antes de dar à luz, mas quando nasce o filho, a alegria é completa (16,20-33). A mensagem que o leitor implícito tira dessas palavras vale também para nós, que estamos na mesma situação.

Por fim, João coroa as palavras de despedida com uma **oração** sublime, posta nos lábios de Jesus **ao entrar na glória** que sempre foi sua (17,5; cf. o Prólogo Jo 1,1). Aquele que é a palavra que sai da boca de Deus havia abandonado a glória a fim de cumprir, na carne (1,14), a sua missão de servo (13,12-15). Agora ele entrega nas mãos de Deus sua obra levada a termo (17,4-5) e reza pelos seus. Ele consagra

---

7. 1Ts 4,13-17.

os seus a Deus como ele mesmo se tinha consagrado a Ele. E reza para que os seus sejam conservados na unidade do amor do Pai, do Filho e deles entre si (17,19-26).

3. O amor em atos e de verdade (Jo 18–20)

A segunda parte de João (cap. 13–20) tem uma estrutura semelhante à nossa liturgia eucarística: primeiro, a mesa da palavra, para expressar o sentido das coisas (Jo 13–17), e, depois, o sacrifício, que mostra a verdade da palavra (Jo 18–20). Jesus tinha dito: ninguém tem amor maior do que aquele que dá sua vida por seus amigos; e tinha chamado seus discípulos de amigos, porque sabem o que seu senhor faz (15,13-15). Agora, em sua paixão, morte e ressurreição (Jo 18–20), ele comprova, pelo ato, que essa palavra não era mero discurso. Essa história, todavia, está envolvida na luz da glorificação (cf. 12,31-32; 13,31-32), pois o dom da vida de Jesus até o fim é a manifestação de que Deus é Amor (cf. 1Jo 4,7). O amar sem limite é a verdadeira glória com que Deus manifesta sua presença.

O **relato da morte e ressurreição** se divide em **duas partes** principais, que são — literalmente — "cruz e coroa" da mesma realidade do "enaltecimento" de Jesus: seu processo e crucificação (cap. 18–19), e sua ressurreição e aparições (cap. 20).

Nos **caps. 18–19** distinguimos três sequências. As duas primeiras correspondem aos dois círculos que, conforme o Prólogo, a Palavra teve de enfrentar na sua vinda ao mundo: o círculo exterior (o "mundo", cf. Jo 1,10) e o círculo interior (os "seus", cf. 1,11)[8]. Em 18,1-17, João descreve o processo do círculo interior, os "judeus", e em

---

8. Cf. acima, cap. 2, 1.

18,28–19,16b, o do círculo exterior, o "mundo", representado pelo funcionário do Império Romano, Pilatos. A terceira sequência, a crucificação (19,16c–42), pode ser comparada com os versículos 12-13 do Prólogo, pois ao pé da cruz estão aqueles que o "acolheram" (cf. 1,12), especialmente, a mãe de Jesus e o Discípulo Amado, representando a nova comunidade (19,25-27). Sem esquecer aqueles que acolhem o corpo de Jesus para lhe dar uma sepultura digna, José de Arimateia e Nicodemos (19,38-42).

Em todo o processo, **Jesus se apresenta soberano**. Já antes, ele tinha dito que ninguém lhe tira a vida (10,18); agora como pastor valente, ele a entrega livremente. Ao ser aprisionado (18,1-11), ele não deixa a Judas a chance de traí-lo com o beijo. Ele se antecipa e sai ao encontro dos soldados, dizendo: "A quem procurais? (...) Sou eu". Essas palavras lembram a automanifestação de Deus a Moisés (Ex 3,14). Os soldados caem de costas (Jo 18,5-6). E ao repetir sua automanifestação (18,7-9), Jesus manda aos soldados que deixem os discípulos se retirarem, pois ninguém pode arrancar de sua mão as ovelhas que o Pai lhe deu (18,9, cf. 10,28-29). Jesus e o Pai são um no cuidado das ovelhas (cf. 10,30), também à hora da prisão no jardim das Oliveiras.

Preso, Jesus é levado às **instâncias judaicas, os sumos sacerdotes** (18,12-27). Segundo Marcos, ele foi logo interrogado a respeito de seu messianismo pelo sumo sacerdote em função, Caifás, na presença do Sinédrio (Mc 14,53-65 e paralelos). João, porém, menciona o interrogatório de Caifás apenas de passagem (Jo 18,24), mas insere antes disso uma cena com o sogro de Caifás, sumo sacerdote aposentado e eminência parda, **Anás** (18,13-23). Quando Jesus é levado ao palácio dos sumos sacerdotes, seguem-no

Pedro e o Discípulo Amado. Este introduz Pedro, mas logo desparece da cena, para ser reencontrado ao pé da cruz, que é o lugar do verdadeiro discípulo (19,26, cf. 12,26). Pedro, ao contrário, entra no palácio, nega conhecer Jesus diante da menina da porta, vai se aquecer junto à turma dos guardas e renega Jesus mais duas vezes, inclusive diante de uma testemunha qualificada, parente do guarda cuja orelha ele tinha decepado no Getsêmani (18,17-18.25-27). Entretanto, Anás interroga Jesus, não a respeito do seu messianismo (assunto já conhecido), mas a respeito de seu ensinamento e de seus discípulos, ou seja, as coisas mais próximas do leitor no fim do 1º século. Jesus responde: "Pergunta a eles, eles sabem o que eu disse" (18,19-21). E o discípulo chefe, Simão Pedro, está aí, se aquecendo com os soldados junto à fogueira e negando conhecer Jesus... E o leitor se pergunta: "E eu, onde estou eu?".

De modo semelhante, João "atualiza" a segunda sequência, o processo **diante do poder romano** (18,28–19,16). As grandes linhas da narração correspondem ao que escreveram os sinópticos, especialmente Lucas. O representante do Império, Pilatos, não vê nenhum crime no que lhe dizem de Jesus. Quer se livrar do caso e, em vista da festa da Páscoa, sugere aos judeus que peçam anistia para Jesus. Eles, porém, preferem Barrabás, um bandido (18,40). De acordo com os costumes vigentes, Pilatos manda torturar Jesus para poder dizer que ele o examinou com todos os meios e não encontrou nada que merecesse a pena de morte (19,1-5). Os judeus, porém, alegam que ele deve ser condenado porque se declarou filho de Deus — o que causa um susto em Pilatos. Além disso, eles o intimidam, dizendo que, se não condenar Jesus, ele perderá o título de "amigo de César" (e a rica aposentadoria imperial). Pilatos pronuncia, então, o veredicto: entrega Jesus a eles para que seja crucificado (19,16).

Ora, aí há uma aparente contradição. Quando, inicialmente, Pilatos disse "julgai-o segundo a vossa lei" (18,31), eles disseram que não podiam punir Jesus, pois **queriam para Jesus a morte de cruz**, que só o Império podia aplicar[9]. Agora, porém, Pilatos entrega Jesus aos chefes dos judeus para ser crucificado, e eles tomam conta dele (19,16). Será que a lei do Império mudou? Não. O que mudou foi a posição dos sumos sacerdotes. Em vez de se apresentarem como chefes do povo, eles se rebaixaram a meros vassalos, ao exclamarem: "Não temos outro rei senão César" (19,15). Agora eles são meros escravos do Império, e Pilatos lhes entrega a execução da pena imperial que eles estavam procurando para Jesus.

Nos diálogos com Pilatos há muitos outros elementos que mereceriam análise e meditação. Um desses pontos é que Jesus não pode ser chamado "rei dos judeus", pois seus súditos lutariam para defendê-lo contra os judeus (18,37). **O domínio de Jesus não é daqui, de baixo, mas do alto** — de onde é também o poder concedido a Pilatos (19,11). Os verdadeiros "obedientes" a Jesus estão no lado oposto dos judeus. Eles são "da verdade" (18,37) — ao que Pilatos, cinicamente, responde: "Verdade, que é isso?" (18,38).

A terceira sequência da história da Paixão (19,16c-41) começa, precisamente, com a confusão em torno do **título da condenação**. Pilatos mandou escrever "Jesus

---

[9]. O autor explicou em 18,21 a insistência dos judeus em exigir a pena romana: "para que se cumprisse a palavra de Jesus significando de que morte ele iria morrer", a saber, enaltecido na cruz, cf. 12,31-33.

Nazareno, rei dos judeus", mas os sumos sacerdotes querem que Pilatos substitua isso por "Ele disse: eu sou o rei dos judeus" — o que é exatamente o contrário daquilo que Jesus disse (19,19-22)...

A crucificação de Jesus é a plena realização de sua obra. Plenifica-se também o sentido das Escrituras, a saber, o Salmo 22,19 (salmo do justo perseguido), quando os soldados repartem em espólio as vestes de Jesus e sorteiam a sua túnica (19,23). Também outro salmo do justo perseguido recebe sentido pleno quando Jesus exclama: "Tenho sede" (19,28, cf. Sl 69,22). Entretanto estão **ao pé da cruz** as testemunhas, as mulheres que seguiram Jesus: a mãe de Jesus, a irmã da mãe, Maria de Cléofas, e Maria Madalena (19,25); e também o Discípulo Amado, junto à mãe (19,26). A mãe de Jesus que marcou o início da obra de Jesus, quando sua hora ainda não tinha chegado (em Caná, 2,3-5)[10], marca também o fim, a hora da glorificação (19,25-27). E ao lado dela está o Discípulo Amado, ao qual Jesus confia, como mãe, aquela que o fez entrar no mundo. Assim, representando a comunidade, ele ocupará no mundo o espaço de Jesus que agora volta ao Pai. Cena de muitos sentidos simbólicos, impossíveis de enumerar aqui[11].

Então, Jesus "dá o espírito", exclamando, com grandeza soberana: "Está consumado" (19,30). **A obra é levada a termo**. É a hora do enaltecimento na cruz e na glória: do alto da cruz, ele atrai todos a si (cf. 12,33). Abrem-lhe o lado, do qual saem o sangue, sinal de sua morte salvadora, e a água, símbolo do Espírito. Mencionam-se os testemunhos. Primeiro, o do Discípulo Amado (19,35).

---

10. Como em Caná, também aqui Jesus a chama de "mulher", modo de tratamento comum na Bíblia (19,26, cf. 2,4).

11. Cf. Beutler, *Evangelho*, p. 439-441.

E além deste, dois testemunhos da Escritura (19,36-37): o do cordeiro pascal, do qual não se quebram os ossos (Ex 12,46), e o do profeta traspassado, para o qual todos levantam os olhos (Zc 12,10).

Depois da crucificação e morte, José de Arimateia e Nicodemos — agora adulto na fé — dão a Jesus uma **sepultura** digna de um rei (19,38-42).

A **ressurreição** de Jesus é representada em dois quadros, cada qual representando duas cenas. O primeiro se situa junto do sepulcro (20,1-18). Passado o sábado, Maria Madalena vai ao sepulcro, mas o encontra vazio. Ela chama **Pedro e o Discípulo Amado**. Estes constatam o sepulcro vazio, e o Discípulo Amado imediatamente crê — pois antes da glorificação não compreendiam o sentido pleno das Escrituras (20,9). **Maria Madalena**, de seu lado, ainda chorando junto do sepulcro, vê dois anjos dentro do sepulcro e, depois, um homem que ela toma pelo jardineiro. Este, porém, se revela ser Jesus, subindo para junto do Pai. Por isso, não teria sentido querer tocá-lo ou segurá-lo; pelo contrário, Jesus a manda anunciar aos outros discípulos sua entrada na glória. E ela faz (20,17-18).

O segundo quadro pós-pascal situa-se no cenáculo. As referências à comunidade cristã são inegáveis. "Naquele dia, o primeiro dia da semana" (20,19), Jesus **aparece aos Doze** (menos Judas). Ele se dá a conhecer pelas marcas de sua paixão e morte. Transmite-lhes a paz que tinha prometido ("a minha paz", 14,27) e o Espírito, que iriam receber depois de sua glorificação (cf. 7,39). E isso, para que continuem a obra dele: tirar o pecado do mundo (19,23, cf. 1,29).

A segunda cena deste quadro situa-se "oito dias depois" (20,26). A anotação do tempo marca o ritmo das reuniões no "primeiro dia da semana", o domingo cristão (cf. 20,19). **Tomé**, que faltou no dia da ressurreição, quer ver para crer. Jesus lhe mostra a marca de sua identidade, isto é, de sua paixão e morte: suas chagas (20,27). Não se diz que Tomé tocou nas chagas. O que importa é sua bela profissão de fé: "Meu Senhor e meu Deus". E Jesus acrescenta: "Porque me viste, creste. Felizes os que creem sem terem visto". Esta bem-aventurança não se destina a Tomé, que viu, mas ao leitor, que não viu. Tomé representa a transição da geração dos que viram para **os que não viram** e que são confiados ao testemunho dos que viram[12]. É para estes que o autor deixou por escrito seu relato da obra e dos sinais de Jesus, para que creiam e, crendo, tenham a vida no nome de Jesus (20,30-31).

O capítulo 21 é um epílogo, que focaliza a situação da comunidade depois da ressurreição e o papel insubstituível do testemunho do Discípulo Amado ao lado do discípulo-chefe, Simão Pedro.

4. Conhecer Jesus e o Pai nele

O Quarto Evangelho é permeado de observações esclarecedoras, quase anotações marginais, inseridas em diversos lugares do texto[13]. Na oração de Jesus glorioso, em Jo 17,3, aparece uma anotação desse tipo:

> "A vida eterna consiste em que conheçam a Ti, o único Deus verdadeiro, e Àquele que enviaste, Jesus Cristo".

Conhecer Deus não significa um conhecimento meramente intelectual, mas reconhecer e venerar como o Deus único e verdadeiro, inclusive pela prática da vida,

---

12. Cf. 1Jo 1,1-3.
13. Cf. KONINGS, *Evangelho*, p. 20-21.

guardando os seus mandamentos. Conforme o Deuteronômio (Dt 30,19), isso é escolher a vida. João diz: a "vida eterna", ou literalmente, "a vida do éon", do domínio de Deus, aquilo que está nas mãos de Deus e que ninguém pode derrubar. Este conhecimento existencial e prático de Deus se dá pelo conhecimento de Jesus Cristo, pois a Deus ninguém jamais viu, mas Jesus Cristo o "expôs" para nós (1,17-18). O conhecimento do Deus único e verdadeiro, que ninguém nunca viu, é possível quando conhecemos Cristo: "Quem me viu, viu o Pai" (14,9). Conhecer Deus é conhecê-lo junto com Jesus, que o conhece:

> Eu te conheci, e também estes reconheceram que tu me enviaste. E eu lhes dei a conhecer o teu nome e o darei a conhecer, para que o amor com que me amaste esteja neles e eu neles (17,25b-26).

Em comunhão com Jesus conhecemos Deus por dentro, mas essa comunhão significa participar em sua vida. Estas são as últimas palavras de Jesus aos discípulos antes de sua morte por amor. Na comunhão com ele conhecemos a sua glória e sua verdade, que é Deus mesmo, e temos uma vida que ninguém pode tirar da mão de Deus.

A mensagem fundamental do Quarto Evangelho em relação aos discípulos (isto é, a nós) é esta: **ver Jesus, na hora de sua morte por amor e dizer: "Deus é assim"**, e viver em coerência com essa visão[14]. É a vida eterna desde já.

---

14. Cf. Konings, J. *Ser cristão*: fé e prática. 6ª ed. Petrópolis: Vozes, 2011, p. 87-89.

Capítulo Quarto
O Evangelho de João para nós, hoje

1. Temas marcantes de João

Para falar do sentido que João revela e o efeito que ele exerce sobre leitor, escolhi alguns temas marcantes.

- Enaltecimento e glorificação

Considero a intuição essencial, que subjaz a todo o relato evangélico de João, a **identificação da morte na cruz de Jesus com sua glorificação**. Quem entende isso, entende o Evangelho de João.

A glória de Jesus não se situa depois de sua morte, na ressurreição e ascensão ao céu, mas já na própria cruz. A própria cruz é a ascensão à glória. João ensina isso pela figura do "enaltecimento": levado ao alto da cruz, Jesus atrai todos a si (12,31-32; cf. 3,14-16). "Quando tiverdes levantado ao alto (enaltecido) o Filho do homem, reconhecereis que *eu sou*" (8,28). Esse "eu sou" é três vezes repetido aqui e, correspondentemente, três vezes quando da prisão de Jesus[1]. Assim como no Antigo Testamento estas palavras manifestam a presença e obra de Deus,

---
1. Jo 8,24.28.58; 18,5.6.8.

também aqui manifestam a presença de Deus na obra de Jesus, consumada na cruz[2].

Para entender isso é preciso saber que "**glória**", em João — e também em outros textos bíblicos — não significa brilho, como a falsa glória que os escribas procuram receber uns dos outros (5,44) ou que certos discípulos envergonhados procuram por parte dos humanos e não de Deus (12,43). Glória verdadeira é, para João, a presença de Deus. A glória bíblica não é, em primeiro lugar, o brilho do ouro (pois também o "ouro de bobo", a pirita, brilha), mas sua substância, seu quilate. Em sua raiz hebraica, "glória" significa peso (*kabōd*). Glorioso é quem é "de peso". Na cruz de Cristo está todo o peso de Deus, pois Deus é amor (1Jo 4,8). No Sinai, a glória de Deus desce sobre sua morada em forma de nuvem escura, e para se encontrar com Deus, Moisés deve entrar na nuvem (Ex 24,18). Por isso, a morte daquele que amou até o fim é a nuvem escura da glória de Deus, que é amor.

Quando nos apropriamos dessa percepção de João, os critérios de nossa vida se modificam totalmente, especialmente em nossa atual sociedade de falso brilho e sensacionalismo, de vitrina e *facebook*, de mostrar serviço e currículo.

---

2. A expressão hebraica que está na base da frase grega em João não tem o verbo de ligação "ser". Diz, literalmente, "Eu este" (*ani hu*), uma pura autoindicação. O que esta autoindicação implica depende do contexto. Não é de per si uma expressão da natureza divina ou algo assim, mas significa o papel decisivo de quem fala. No caso da aparição de Deus a Moisés (Ex 3,14), "eu sou" significa que Deus o respalda com sua autoridade divina para falar aos hebreus e ao faraó. No caso de Jesus nos capítulos 8 e 18, a expressão identifica Jesus como o enviado de Deus, que "os judeus" não querem acolher, mas matar.

- Encarnação

O evangelho de João é, ao mesmo tempo, **o mais espiritual e o que mais acentua a encarnação**. A palavra de Jesus é espírito e vida (6,63). Vida, porque espírito, pois "espírito", na Bíblia, é o termo preferencial para expressar a força vivificadora de Deus. É o espírito que dá vida (Jo 6,63). Mas Jesus é carne. A Palavra se fez carne (1,14). Aquele que é, desde sempre e para sempre, a autocomunicação de Deus, é carne. E carne tem prazo de validade. Jesus nunca foi tão carne como na hora de seu enaltecimento na cruz. A verdadeira festa da encarnação não é o Natal, mas a Sexta-Feira Santa, quando o grão de trigo morre na terra para produzir muito fruto (Jo 12,24).

Este pensamento nos ensina que o que chamamos de espiritualidade deve ser encarnado, não algo alheio à comunidade humanidade. Além de sua morte na cruz, o maior exemplo de espiritualidade que Jesus deu foi lavar os pés dos discípulos...

- "Sempiternus Patris Filius"

Quando Jesus se diz filho de Deus, os "judeus" dizem que ele se faz Deus (10,33) ou igual a Deus (5,18). Isso é um erro lógico-linguístico: filho não é pai... A essa acusação dos "judeus", Jesus responde que ele é o filho que faz tudo o que o Pai lhe confia (5,19-20); por isso, **o Pai e ele são um só** (10,30). Parece que muitos de nós cometemos a mesma confusão que "os judeus" do Quarto Evangelho: achamos que Jesus se iguala, sem mais, a Deus[3]. Ora, Jesus nunca se iguala ao Pai. Ele é sempre seu filho, e nesse ser filho, vi-

---

3. O "monofisismo popular" imagina Jesus como se fosse Deus, sem mais, obliterando assim a sua natureza humana.

vido em obediência amorosa, é que consiste sua natureza divina. "Tu Patris sempiternus es Filius" diz o *Te Deum*: "És o eterno Filho do Pai". O dogma da Trindade nos ensina a não confundir o Pai com o Filho. A relação pai-filho é uma figura excelente para expressar como dois diferentes podem ser um só, unidos na mesma obra — a obra da santificação dos seres humanos[4]. Só podem ser um e unidos porque são dois, e **aquilo que os une**, até serem da mesma substância, sem ser a mesma pessoa, **é o amor**.

Ninguém jamais viu Deus, mas o Filho unigênito, que é Deus, o "desdobrou" diante de nossos olhos (Jo 1,18). Eis o princípio da teologia cristã.

- **Conhecimento**

Não há escrito no Novo Testamento que use com tanta frequência os verbos de conhecimento (*ginōskō* e *oida*) que o evangelho e as cartas de João[5], mas não usa o substantivo *gnōsis* (= conhecimento). Sobretudo nas cartas, parece haver uma polêmica contra grupos de caráter gnóstico dentro da própria comunidade cristã. Pois a tendência gnóstica era algo comum na cultura helenista, mais ou menos como o imaginário espírita entre os católicos

---

4. Segundo Karl Rahner, a "Trindade econômica" (Deus em sua obra criadora e salvadora) é a mesma que a "Trindade imanente" (a constituição trinitária de Deus em si, que se revela na "Trindade econômica"): daí seu axioma: "a Trindade econômica é a Trindade imanente, e vice-versa" (RAHNER, K. *Escritos de Teología IV*. Madrid: Taurus, 1964, p. 117-118). Daí que a fé no Filho de Deus pode ver nele, especialmente na hora da consumação de sua obra, o Pai (cf. Jo 14,9). Cf. LADARIA, L. F. *O Deus Vivo e Verdadeiro*: o mistério da Trindade. São Paulo: Loyola, 2005, p. 37-52.

5. A 1ª Carta aos Coríntios se aproxima da frequência com que João usa estes vocábulos. Tanto em Corinto como em Éfeso, ambiente de João, a gnose era muito divulgada.

no Brasil. João procura satisfazer a sede de um conhecimento mais profundo, sem aderir ao "sistema" da *gnōsis*, que desprezava a matéria. Propõe um conhecimento que é superior ao da gnose: o conhecimento de Deus em Cristo. E este conhecimento é impensável sem sua componente de amor encarnado, materializado na morte de cruz.

Cabe ver a diferença entre a gnose helenística, dada a especulações gratuitas, e a genuína tradição bíblica, que valorizava a busca de conhecimento e sabedoria num sentido prático, ético. Conhecer Deus, na tradição bíblica, é conhecer e guardar os mandamentos de Deus. Esta é a raiz principal do "conhecer" em João. E para João, conhecer Deus profundamente só é possível conhecendo a Jesus, pois ele é "Deus em ação". Aos adversários, Jesus diz: "Se me *conhecêsseis*, *conheceríeis* o meu Pai" (8,19) — mas não conhecem nem o Filho, nem o Pai! Aos discípulos, que o conhecem, ele diz, na última instrução: "Se me *conhecestes*, *conhecereis* também o meu Pai (14,7).

- **O juízo e a vida eterna já**

Costumamos situar o juízo de Deus no final dos tempos. Mas isso é tarde, pois não será mais possível "retificar" coisa alguma! O juízo serve para corrigir, tem que acontecer agora. Na linguagem dos sinópticos, o Reino de Deus tem de começar já, pois é neste mundo que a vontade de Deus deve reinar. Na linguagem de João, **a vida eterna**, equivalente joanino do Reino de Deus, **deve começar já**. É aqui e agora que Deus, em Jesus, é nossa vida.

Essa "presença escatológica" se exprime da maneira mais contundente quando Jesus diz: "Vem a hora e é agora, em que os mortos ouvirão a voz de Deus, e os que a ouvirem viverão" (5,25); ou quando ele responde a Marta, que exprime sua fé na ressurreição futura: "Eu sou a ressurreição e a vida" (11,25). João usa a linguagem do juízo de Deus e da ressurreição para significar que a presença de Jesus em nossa vida e em nosso mundo é a instância diante da qual nosso viver adquire seu valor decisivo, desde hoje — se não mudarmos.

- A inimizade do mundo

Quem se entrega à leitura do Quarto Evangelho, em qualquer época ou cultura, deve sentir-se deslocado neste mundo. Em muitos textos o "mundo" é citado num sentido negativo. A oposição contra Jesus não provém somente do círculo próximo, "os judeus"; esses são apenas representantes de um círculo mais amplo, "o mundo". A inimizade do mundo não é uma questão de algumas pessoas, mas tem raiz mais profunda. É significativo o personagem do "chefe deste mundo", que envolve até um dos discípulos, Judas, em sua estratégia (13,2). **O poder do mal é transcendental** — está em tudo — **mas não é transcendente** como Deus. Já é mencionado nas primeiras páginas da Bíblia, como lembra o Jesus joanino ao tachar o "chefe deste mundo" de assassino e mentiroso "desde o princípio" (Jo 8,44-45).

Neste sentido, embora escreva que Deus "amou o mundo" enquanto destinatário do amor salvador em Cristo (3,16), João nos ajuda a sermos críticos em relação ao mundo. Devemos reconhecer o perigo de ficarmos emaranhados na rede da malícia, que se alastra como uma cizânia no nosso ambiente vital. "Corruptio optimi pessima", diziam os sábios latinos. Mas podemos ter confiança: "Eu venci o mundo", diz Jesus (Jo 16,33). E aqui se revela que João não é um gnóstico radical que imagina o mundo dividido entre dois princípios metafísicos irredutíveis, o bem e mal. O amor de Deus, que se revela em Cristo, e no qual nós acreditamos, vence o mundo (cf. 1Jo 5,4).

- **O Discípulo Amado**

O Discípulo Amado **é aquele que está onde está Jesus**, a saber, ao pé da cruz (12,26; 19,26)[6]. E, porque está ao pé da cruz, ele pode dar testemunho (19,35).

O evangelista não deu nome ao Discípulo Amado. Há quem pense que o Discípulo Amado seja o autor, que, por humildade, se esconde no anonimato. Ora, se a questão fosse a humildade, melhor teria sido não mencioná-lo... A meu ver, o Discípulo Amado não tem nome porque ele é **mais que uma pessoa individual**. Ele o portador da fé que sustenta a mensagem que o texto nos transmite. Neste sentido, ele é ao mesmo o autor e o leitor: ele articula a proposta e dá a resposta da fé. O Discípulo Amado é o autor quando ele dá testemunho daquilo que viu e ouviu, e ele é também o leitor quando este, por sua vez, se torna testemunha.

- **O Espírito Santo Paráclito**

Todo o Novo Testamento, os evangelhos, os Atos dos Apóstolos, as cartas, o Apocalipse falam do Espírito Santo. A vida cristã é experiência do Espírito Santo. João aprofunda a experiência do Espírito de um modo muito especial. Já no início de sua narrativa deixa claro que Jesus não é apenas, momentaneamente, movido pelo Espírito de Deus, como os profetas, mas tem o Espírito permanecendo sobre ele (1,33). Por isso ele pode batizar com o Espírito Santo e

---

6. E na glória unido a ele (14,3).

comunicá-lo sem medida (3,34)[7]. Jesus se apresenta à samaritana como doador do Espírito simbolizado pela água viva (4,14); e como fonte do dom do Espírito, na imagem da água que flui de seu interior, como se compreende a partir da cena do lado aberto (7,37-39; 19,34).

Na segunda parte do evangelho é levada à tona a presença do Espírito na ausência de Jesus, que é a situação vivida pelas comunidades. Aí, Jesus chama o Espírito de "outro Paráclito", o que dá a entender que ele mesmo é o primeiro (em 1Jo 2,1, Jesus mesmo é chamado de Paráclito, não aqui na terra, mas junto do Pai). "Paráclito" era alguém que oferecia ajuda em questões pessoais ou familiares, jurídicas etc. Assim, nos discursos de despedida de Jesus, o Paráclito tem como características principais a de tornar Jesus presente, lembrando o que ele disse e fez, e a de defender os fiéis diante do tribunal do mundo, não apenas como advogado de defesa, mas também como acusador do mundo (16,7-11). Ele conduz a comunidade na plena verdade de Deus (16,13). Em outros termos: ele é na comunidade hoje o que Jesus foi para seus discípulos durante sua obra na terra. Assim, o Espírito de Deus é o Espírito de Jesus (16,13-15), e não se pode apelar ao Espírito de Deus contra a obra de Jesus que veio na carne (1Jo 4,2). O Pai, o Filho e o Espírito são um. E nós estamos nessa unidade (Jo 14,20; 17,22-23).

- **O testemunho da verdade**

O campo semântico do testemunho é outra característica do Quarto Evangelho. João Batista dá testemunho

---

[7]. Entendendo-se que o sujeito de "dá" é Jesus, não o Pai (cf. BEUTLER, *Evangelho*, p. 109).

de Jesus, Jesus dá testemunho do Pai, o Paráclito dá testemunho de Jesus para os fiéis, os fiéis dão testemunho de Jesus depois de sua obra na terra.

Jesus não veio para ser rei dos judeus, mas para dar testemunho da verdade, e seus súditos não são guerrilheiros zelotes, mas aqueles que são "da verdade" e, por isso, "escutam" (= obedecem) a voz de Jesus (18,36-37). O seguidor de Jesus pertence à verdade, que é Deus, como o súdito a seu rei. É leal para com a verdade, não a verdade formal da lógica (que é importante também), mas a verdade que se manifesta em Jesus e que não é outra coisa senão o amor do Pai.

O testemunho da verdade que é Deus se dá em primeiro lugar quando se ama com o amor de Deus, ao modelo de Jesus: "Como o Pai me amou, eu vos amei. Como eu vos amei, amai-vos uns aos outros" (cf. 15,9-12). Esta é a melhor maneira para dar testemunho de Deus. "Nisto todos reconhecerão que sois discípulos meus; se vos amardes uns aos outros" (13,35).

João vê a situação dos fiéis no mundo como se estivessem diante de um tribunal, e não há dúvida de que muitas vezes os cristãos tenham sido, de fato, levados a juízo e até condenados e mortos, dando o testemunho (em grego: *martyria*) de sangue. O tribunal do mundo, porém, é ele mesmo indiciado diante de um tribunal superior, o de Deus, no qual o Paráclito não é mais o defensor, mas o acusador, que faz a declaração judicial quanto ao pecado, quanto à justificação e quanto à condenação (16,8-11).

- **A unidade mística**

Mística é **união com o divino**. O Jesus joanino é o místico por excelência: "Eu e o Pai somos um" (10,30).

A primeira catequese cristã chamava os iniciados de *mystoi*, místicos, porque estavam unidos a Cristo e ao Pai pelos mistérios — como se chamavam então os sacramentos — do batismo e da eucaristia. Eram "banhados em Cristo", como o cego de nascença que vai se banhar no Siloé, no Enviado (Jo 9,7).

Pela mística, o que Deus nos dá e ao mesmo tempo espera de nós — o amor divino — se torna nosso íntimo, nossa segunda natureza, ou talvez a recuperação de nossa primeira natureza: nossa filiação divina, nosso novo nascimento. Então, o mandamento não é mais um preceito, uma prescrição, mas um mandato, confiado a nós por aquele ao qual estamos unidos pelo amor. Não o cumprimos por dever, mas por amor. Não sou mais eu que vivo, mas Cristo vive em mim (cf. Paulo em Gl 2,20). E, em Cristo, Deus mesmo vive em nós.

Podemos lutar pelo Reino de Deus, empenhar-nos pela justiça socioeconômica, pela liberdade e igualdade política, ou até por uma civilização cristã, como sonhava a Cristandade... Por mais valioso que seja, tudo isso se situa no nível das encarnações históricas de algo que é maior que nossos sonhos. Cedo ou tarde, e apesar de ter seu mérito neste mundo que é nosso, tudo isso se revela insuficiente para preencher nossa vida. Deus mesmo deve ser a nossa vida, a vida sem limite, e então nosso agir será o agir de Deus no mundo, o amor de Deus no mundo. "A Deus ninguém jamais viu. Se nos amamos uns aos outros, Deus permanece em nós e seu amor em nós é plenamente consumado" (1Jo 4,12)[8].

---

8. KONINGS J. João: uma gnose prática? *Caminhos*, Goiânia, v. 14, n. 1, p. 168-177, jan./jun. 2016.

- **Amor**

A oração do Senhor glorioso, em Jo 17, é toda mística, mas a última frase (17,26) troca a palavra "glória" por "amor". Porque, pela encarnação de Jesus, consumada na cruz, aprendemos que a glória de Deus é o amor, não como vago sentimento, nem como autoafirmação paternalista, e sim, como afeto. No amor, somos afetados pelo outro, que se torna o centro de nossa atenção mais íntima e sincera. A frase "Deus é amor" (1Jo 4,8.16) — que poderíamos também traduzir como: Deus é *amar* — significa que a Última Instância não é a que puxa tudo para si, mas a que faz existir o outro como outro de si, face a face.

- **A vida eterna**

"Para que, crendo, tenhais vida em seu nome" (20,31), assim termina o Quarto Evangelho[9]. João parece ter substituído a terminologia do Reino de Deus pelo pensamento da vida eterna. De fato, um reino ou governo serve para garantir a vida de seus súditos. A vida é maior que o reino. O que Deus quer comunicar é a vida. Já no livro do Deuteronômio, a Lei serve para a vida (Dt 30,11-20), e o Salmo 119 descreve amplamente a Lei como fonte de vida. Mas a tradição bíblica não entende a vida eterna no sentido do pensamento grego ou moderno. A intuição bíblica é diferente: evoca dois âmbitos ou esferas, "este éon" e "o éon vindouro". Numa primeira compreensão, eles devem se suceder, mas pensando melhor vemos que o éon vindouro irrompe no presente. O éon presente é nossa história, tudo o que vemos em torno de nós, uma mistura de

---

9. Desconsiderado o epílogo que é o cap. 21.

bem e mal. O éon vindouro manterá só o que é bom; por isso, é equivalente ao que se chama o "reino de Deus". Os dois éons não se sucedem linearmente. Onde se realiza o desejo de Deus, o éon vindouro, de certo modo, já está presente. Por isso, João insiste na presença da "vida eterna já", naqueles que, em Jesus, obedecem ao Pai.

2. O texto e nós, hoje

Quando se lê um texto, o que importa não é saber coisas sobre o texto e nem mesmo sobre seu assunto, mas **conversar com o texto**. O filósofo-psicólogo-teólogo Paul Ricoeur nos ensina que compreender um texto é compreender-se diante do texto[10]. É esta a pergunta que fazemos nesta introdução à leitura do Quarto Evangelho. O fim da leitura não é saber ou entender racionalmente, mas compreender, tomar para si existencialmente, levar ao coração, fazer com que seja algo próprio de nós: apropriar "devidamente".

Sensibilizados pela teologia latino-americana e conscientes da importância das estruturas da sociedade no próprio processo da compreensão, podemos especificar mais e melhor o que se entende por apropriação.

Nossa existência não diz respeito apenas a coisas individuais e íntimas, problemas da "minha alma". Ou melhor: minha alma não é só minha. Existir é "existir com" e "para". E examinando esse "com" e esse "para", percebemos que a história que produziu nosso mundo e suas relações permanentes determina em grande parte as nossas possiblidades. Um filho de empresário rico facil-

---

10. RICOEUR, P. *Du texte à l'action*: essais d'herméneutique, II. Paris: Seuil, 1986, p. 115-117.

mente será médico ou advogado, um filho de empregada doméstica, mãe solteira vivendo na favela, só conseguirá fazer fortuna no futebol ou no tráfico de drogas. Vivemos num mundo de relações sociológicas fortemente determinadas pelas estruturas econômicas, em função das quais os políticos se empenham, uns para transformá-las, outros para conservá-las juntamente com seus proveitos. Tudo isso faz parte de nosso existir, de nossos "problemas existenciais". Os problemas sociais fazem parte de nossos problemas existenciais, e é ilusão procurar cura existencial sem encarar a realidade social. Só está bem com Deus quem está bem com o irmão.

Então, **apropriar o texto** para nós é algo que acontece **no contexto histórico, cultural e social** em que vivemos. Eu não sou apenas o "professor X". Eu sou o professor X que recebeu uma formação privilegiada, que outros não receberam e que foi em grande parte paga com o trabalho de pessoas que não podem desfrutar essa cultura. Ora, não pensem que eu sinto remorso por causa disso. Antes, pelo contrário, isso me incentiva a bem utilizar a formação recebida, pois sobre ela pesa uma "hipoteca social". Não tenho o direito de deixá-la improdutiva. Se eu fosse fazendeiro, carregaria a hipoteca social de minhas terras. Não teria o direito de deixá-las improdutivas, como mero domínio de especulação... Eu seria um bom fazendeiro se honrasse o termo "fazenda", que significa indústria e produção, para dar uma vida digna a bom número de famílias, criar comunidades com escola e hospital, e não apenas para exportar grãos, esvaziando o campo de modo a "exportar" também as pessoas...

Compreender o Quarto Evangelho implica a consciência de meu existir histórico como pessoa, participante da sociedade, da humanidade e do mundo desta humanidade — este mundo ameaçado pelo colapso ecológico.

Então, pergunta-se, como é que eu me compreendo, e **como nós nos compreendemos diante daquilo que "João" nos conta**: a encarnação, o enaltecimento, a glória como doação total, o amor, o "eu sou" de Jesus, a inimizade do mundo, a traição de Judas, a incompreensão dos discípulos, os símbolos na fala e nos gestos de Jesus...?

Como compreendo a minha vida diante do enaltecimento que é a elevação de Cristo? Diante de sua morte na cruz que é sua verdadeira glória, não o brilho, mas a substância do amor de Deus que se revela? Diante dessa verdadeira encarnação, pela qual a glória de Deus habita no meio de nós mais do que em qualquer templo?

Só compreendo o Quarto Evangelho quando mostro, nas minhas atitudes e ações, necessariamente sociais e históricas, o que significam as intuições que se exprimem no Quarto Evangelho. Só fazendo é que mostro a verdade de minha compreensão.

"Amemos não só com palavras, mas com atos e de verdade" (1Jo 3,18).

Referências Bibliográficas

BEUTLER, J. *Evangelho segundo João*: comentário. São Paulo: Loyola, 2016.

BROWN, R. E. *The Gospel According to John (i-xii)*. Garden City: Doubleday, 1966.

BULTMANN, R. *Das Evangelium des Johannes*. 18. Aufl. Gottingen: Vandenhoeck & Ruprecht, 1964.

CASALEGNO, A. *Para que contemplem a minha glória (João 17,24)*: introdução a teologia do Evangelho de João. São Paulo: Loyola, 2009.

DAUER, A. *Die Passionsgeschichte im Johannesevangelium*. München: Kösel, 1972.

DODD, C. H. *Historical tradition in the Fourth Gospel*. Cambridge: University Press, 1965.

GUIJARRO OPORTO, S. *Ditos primitivos de Jesus*: uma introdução ao "Proto-evangelho de ditos Q". São Paulo: Loyola, 2006.

JAUBERT, A. *La date de la Cène*: calendrier biblique et liturgie chrétienne, Paris: Gabalda, 1957.

KONINGS J. *Evangelho segundo João*: amor e fidelidade. São Paulo: Loyola, 2005.

_____. *Ser cristão*: fé e prática. 6. ed. Petrópolis: Vozes, 2011.

_____. João: uma gnose prática? *Caminhos*, Goiânia, v. 14, n. 1, p. 168-177, jan./jun. 2016.

LADARIA, L. F. *O Deus Vivo e Verdadeiro*: o mistério da Trindade. São Paulo: Loyola, 2005.

LÉON-DUFOUR, X. *Leitura do Evangelho segundo Joao III*: capítulos 13-17. São Paulo: Loyola, 1996.

MORGENTHALER, R. *Statistik des neutestamentlichen Wortschatzes*. Frankfurt: Gotthelf, 1958.

POSWICK, R.-F. Gnose. In: DICIONÁRIO Enciclopédico da Bíblia. São Paulo: Loyola, 2013, p. 592.

RAHNER, K. *Escritos de Teología IV*. Madrid: Taurus, 1964.

RICOEUR, P. *Du texte à l'action*: essais d'herméneutique, II. Paris: Seuil, 1986.

SCHWEIZER, E. Orthodox Proclamation. *Interpretation*, Richmond VA, t. 8, p. 387-403, 1954.

SILVA, C. M. Dias da. *Leia a Bíblia como literatura*. São Paulo: Loyola, 2007.

THEISSEN, G. *O Jesus histórico*: um manual. 2. ed. São Paulo: Loyola, 2004.

Uma editora sempre **conectada com você**!

Quer saber mais sobre as novidades e os lançamentos, participar de promoções exclusivas, mandar sugestões e ficar por dentro de tudo o que acontece em Edições Loyola? É fácil! Basta fazer parte das nossas redes sociais e visitar nosso *site*:

facebook.com/edicoesloyola

twitter.com/edicoesloyola

youtube.com/edicoesloyola

issuu.com/edicoesloyola

www.loyola.com.br

Receba também nossa *newsletter* semanal!
Cadastre-se em nosso *site* ou envie um *e-mail* para:
marketing@loyola.com.br

FSC
www.fsc.org
MISTO
Papel produzido
a partir de
fontes responsáveis
FSC® C008008

Edições Loyola

editoração impressão acabamento

rua 1822 n° 341
04216-000 são paulo sp
T 55 11 3385 8500/8501 · 2063 4275
www.loyola.com.br